JUNIOR WISSEN

Pferde

Das Pferd ist oft der beste Freund.

Das Fohlen vereint
die Anmut des Pferdes
mit kindlicher Unschuld.

JUNIOR WISSEN

Pferde

Dieser weiße Araber demonstriert sein Temperament in kraftvollem Lauf.

Unipart-Verlag • Stuttgart

© PETER HALFAR MEDIA GMBH
& CO HOLDING KG
Remseck bei Stuttgart, 1994

genehmigte Lizenzausgabe für
UNIPART VERLAG GMBH
Remseck bei Stuttgart, 1997

Text:
Sylvia Blanc

Zeichnungen:
Charilaos Theodorou,
Jesenwang

Fotos:
Monika Dossenbach
Hans Dossenbach, Schlatt
Archiv für Kunstgeschichte, Berlin

Produktion: Dieter Rex
Verlagsproduktion, München

ISBN 3-8122-3428-9

Inhalt

Pferd und Reiter haben ein enges Verhältnis.

Einen Mehrspänner sicher zu führen erfordert hohes Können vom Kutscher. Der Fahrer dirigiert die Pferde mit den Zugleinen und der Peitsche, aber auch durch Zurufe. Er kennt die Schwächen und Stärken jedes einzelnen Pferdes und behandelt es individuell.

...etwas erregt sein Interesse

Der große, starke Freund

Ob Kinder, Jugendliche oder Erwachsene, alle erliegen gleichermaßen dem Charme der Pferde. Die Zuneigung eines Pferdes zu gewinnen, rührt uns noch mehr als die eines Hundes – ganz abgesehen von dem Gefühl der Freiheit, das der Reiter auf dem Rücken des Pferdes erlebt. Nicht umsonst schwärmt der Volksmund: „Das größte Glück der Erde liegt auf dem Rücken der Pferde."

Die Motorisierung hat das Pferd in diesem Jahrhundert weitgehend aus unserem Alltag verdrängt. Es war schon zu befürchten, dass es gänzlich aussterben würde. Doch in den letzten 20 bis 30 Jahren hat sich besonders in der westlichen Welt die Liebe zum Pferd immer mehr durchgesetzt. Mit wachsendem Wohlstand erblühte das Sport- und Freizeitreiten. Ein Ende seines Wachstums ist noch lange nicht abzusehen, denn immer mehr Menschen finden in der zunehmend technisierten Welt den Weg zum Pferd.

Dieses Buch will Pferdeliebhaber über Wesentliches rund ums Pferd und natürlich über das Pferd selbst informieren. Je mehr wir wissen, desto erfreulicher und erfolgreicher werden das Zusammenleben und die Zusammenarbeit mit ihm.

Es ist wahrscheinlich der ausgeprägten sozialen Ordnung im Herdenleben der Pferde zu verdanken, dass die Domestikation des Wildpferdes vor rund 5000 Jahren überhaupt möglich war. Rangoberster war der Hengst, der absoluten Gehorsam verlangte. Die Pferde übertrugen diese Rolle auf den Menschen und ordneten sich ihm unter. Durch die veränderten Lebensbedingungen in Gefangenschaft und den engen Kontakt mit den Menschen überwand es nach und nach seine große Angst und Scheu. Wider sein instinktives Wissen ist es bereit, einen Reiter zu tragen, anstatt ihn sofort abzuwerfen und davonzustürmen. Das bedeutet die Überwindung seiner instinktivsten Urerfahrung. Alles, was sich auf seinem Rücken befand, konnte nur feindlich sein. In freier Wildbahn nämlich wurde

Pferde sind Herdentiere. Eng beieinander stehend geben sie sich gegenseitig Schutz und Geborgenheit.

Ponys setzen sich als Reit- und Zugtiere immer mehr durch. Besonders für Kinder eignen sie sich als Spielgefährten und zum Start einer Reiter-Karriere.

das Pferd von vielen Feinden als Beutetier gejagt und erlegt. Sprang ein Raubtier auf den Rücken des Pferdes, konnte es nur seinen Tod bedeuten.

Die Dankbarkeit des Menschen für die Freundschaft, die treue Ergebenheit und die enormen Dienste des Pferdes war gering. Es wurde in erster Linie als Nutztier gehalten. Man aß sein Fleisch, die Felle wurden zu Decken und Kleidern verarbeitet, der Dung getrocknet und zum Heizen verwandt. Andererseits erkannten die Menschen schnell den Vorteil der Mobilität, die sie durch die Nutzung der Pferdekraft gewannen. Es wurde zur Jagd, zur Arbeit in Stadt und Land, vor allem aber bei Kriegsfeldzügen mit großem Erfolg eingesetzt. Seine Bedeutung verlieh ihm rasch hohes Ansehen. Mohammed forderte sogar seine Gläubigen auf, ihre Pferde gut zu füttern: „So viele Gerstenkörner, wie du deinem Pferde gibst, so viele Sünden werden dir vergeben.“ Und er war der Überzeugung, dass „nichts Böses ein Zelt betreten würde, in dem ein reinrassiges Pferd sich befindet“. Andererseits mussten Millionen von Pferden im Dienste des Menschen ihr Leben lassen.

Neben der umwälzenden Bedeutung, die die Zähmung des Pferdes und die Nutzung seiner Fähigkeiten für die Entwicklung der Menschheitsgeschichte hatte, blieb es bis zum heutigen Tag ein treuer Freund und Gefährte des Menschen. Zahlreiche Geschichten berichten von Pferden, die sogar zu Lebensrettern wurden.

Die erste Kavallerietruppe dürften die Mongolen besessen haben. Sie fielen damit vor allem in China ein. Man sagt ihnen nach, dass sie, im vollen Galopp auf dem Sattel ste-

hend, über 20 Schritt Entfernung mit Pfeil und Bogen einen Apfel treffen konnten. Die Chinesen lernten rasch von ihnen. Sie überfielen 2300 v. Chr. Ägypten mit Streitwagen.
Der Krieg mit Kampfwagen und Pferden setzte sich über den Mittleren und Nahen Osten über die Jahrtausende hinweg fort. 500 v. Chr. soll der persische König Xerxes bereits über insgesamt 80 000 Streitwagen verfügt haben. Es ist überliefert, dass im Kampf nur Hengste geritten wurden, die so ausgebildet waren, dass sie ihren angeborenen Trieb, sich mit den Vorderhufen zu wehren, gegen das gegnerische Fußvolk einsetzten.
Durch Inzucht und Kreuzung züchteten die Menschen die Eigenschaften des Pferdes heraus, die für sie jeweils von Vorteil waren: Größe, Geschwindigkeit, Kraft, Zähigkeit, Gutmütigkeit, Schönheit… Zahlreiche Rassen und Typen entstanden – so im arabischen Raum das zierliche arabische Kriegspferd, der „Trinker der Lüfte", bekannt wegen seiner Härte, Schnelligkeit, Zähigkeit und Ausdauer. In Europa entstanden zur Ritterzeit die mächtigen mittelalterlichen Schlachtrösser. Sie hatten Hunderte von Kilos an Rüstung und Ritter zu schleppen.
Bis hin zu den Weltkriegen spielte die Kavallerie eine Rolle. Mit zunehmendem Einsatz von technischen Waffen jedoch wurden die Pferde mehr und mehr Kanonenfutter. Im Ersten Weltkrieg standen Millionen Pferde im Einsatz, als Zug- und Packpferde wie als Kavalleriepferde. Tag für Tag verendeten Zehntausende qualvoll.
Im zivilen Leben gewannen die Pferde zunehmend Bedeutung. Es entstanden zahlreiche pferdeabhängige Berufe: Stallmeister, Reitmeister, Hufschmied, Wagenmacher, Kutscher… Jahrtausendelang zogen die Pferde Karren,

Das Gemälde dieses hochrädrigen Sulky, gezogen von dem berühmten amerikanischen Traber Tom Thumb, der 100 englische Meilen (ca. 180 km) in 10 Stunden und 7 Minuten zurücklegte, stammt aus dem Jahre 1829.
Es ist nicht sicher geklärt, ob zu Pferde fahren oder Reiten die längere Tradition hat. Es gab im Laufe der Jahrtausende eine ungeheure Vielfalt an Kutschen und Gefährten, ähnlich wie heute seit der Erfindung des Automobils.

Droschken, Reisewagen. Das früheste noch erhaltene Fahrzeug ist die Equipage von König Tutanchamun.
Mit dem Bau der Straßen erlebten Pferdegespanne im 18. Jahrhundert auch in Europa ihre Blüte. Fuhrunternehmen entstanden, Post und Güter wurden per Pferdewagen transportiert. Anfang des 19. Jahrhunderts gab es ebenso viele verschiedene Fabrikate und Typen von Kutschen wie heute Autos.
Das Industriezeitalter brachte immer neue Einsatzbereiche für das Pferd. Es arbeitete in Bergwerken unter Tage, Pferde zogen Waggons, sie schleppten Kähne Kanäle hinauf, sie gingen beim Bauern im Geschirr, bis die Erfindung des Automobils und der Eisenbahn sie überflüssig machte.
Doch in der heutigen Zeit gewinnt das Pferd als Sport- und Freizeitfreund endlich wieder die Bedeutung und sorgfältige Behandlung, die es verdient.

Schon bald nach der Domestikation des Pferdes spielte es bei Feldzügen und Kriegen eine große Rolle. Große Feldherren besaßen fast alle ein besonders edles Lieblingspferd und ließen sich gern mit ihm abbilden. Sie wussten um die majestätische Wirkung eines stolzen Rosses. Auch Napoleon – hier abgebildet – bevorzugte Araber bei seinen Kriegszügen. Diese leichten, schnellen und ausdauernden Pferde waren den schwereren Pferden der damaligen Zeit überlegen.

Die Entwicklungsgeschichte des Pferdes

Die Geschichte des Pferdes beginnt im Zeitalter des Eozäns, einer Stufe des Alttertiärs. Es war jene Zeit der Erdentwicklung, als sich die Kontinente und die Gebirge bildeten, also vor rund 50 bis 60 Millionen Jahren. Die Bezeichnungen im folgenden Text sind bestimmt durch das erdgeschichtliche Zeitalter und dem griechischen Wort „Hippos" für „Pferd". Als Latein Weltsprache wurde, wandelte sich auch das griechische Hippos zum lateinischen Equus.

Vom „Hasen" zum Ross

Das damalige Pferd, das Eohippus, „Pferdchen der Morgenröte", war nur etwa hasengroß. Es ernährte sich von Gräsern und Blättern. Auf seinen vier Vorder- und drei Hinterzehen war es stets auf der Flucht vor Raubtieren, die es nur zu gern jagten und fraßen. Aus ihm sollten sich alle weiteren Pferdearten entwickeln.
Der Ahnvater des Hyracotherium oder Eohippus, aus dem sich alle Pferdearten entwickeln sollten, war Condylarthra. Dieses fuchsgroße Tier hatte noch fünf Zehen. Zahnfunde weisen darauf hin, dass es sich überwiegend von Fleisch ernährte. Es lebte vor rund 70 Millionen Jahren.
Etwa vor 35 Millionen Jahren starb das Eohippus aus. Ihm folgten das Orohippus, das Epihippus, dann das Mesohip-

Das Hyracotherium

Die Entwicklungsgeschichte des Pferdes lässt sich anhand zahlreicher Knochen- und Fossilienfunde in der ganzen Welt gut verfolgen. Der englische Zoologe Richard Owen ordnete 1840 die bis dahin unbekannten Überreste allerdings erst einer Nagetiergattung zu, aus der sich die Elefanten entwickelt haben sollen. Owen nannte das Tier Hyracotherium.
Unabhängig von Owen konnte der Amerikaner Charles Marsh schon rund 40 Jahre später eine praktisch lückenlose Ahnenreihe des Pferdes erstellen. Ihm standen zahlreiche Knochenfunde aus Nordamerika zur Verfügung. Die ältesten Funde, die er der Pferdevergangenheit zuordnete, nannte er Eohippus. Erst später stellte sich heraus, dass es sich dabei um dasselbe Tier handelte, das vor ihm Owen in England Hyracotherium genannt hatte.

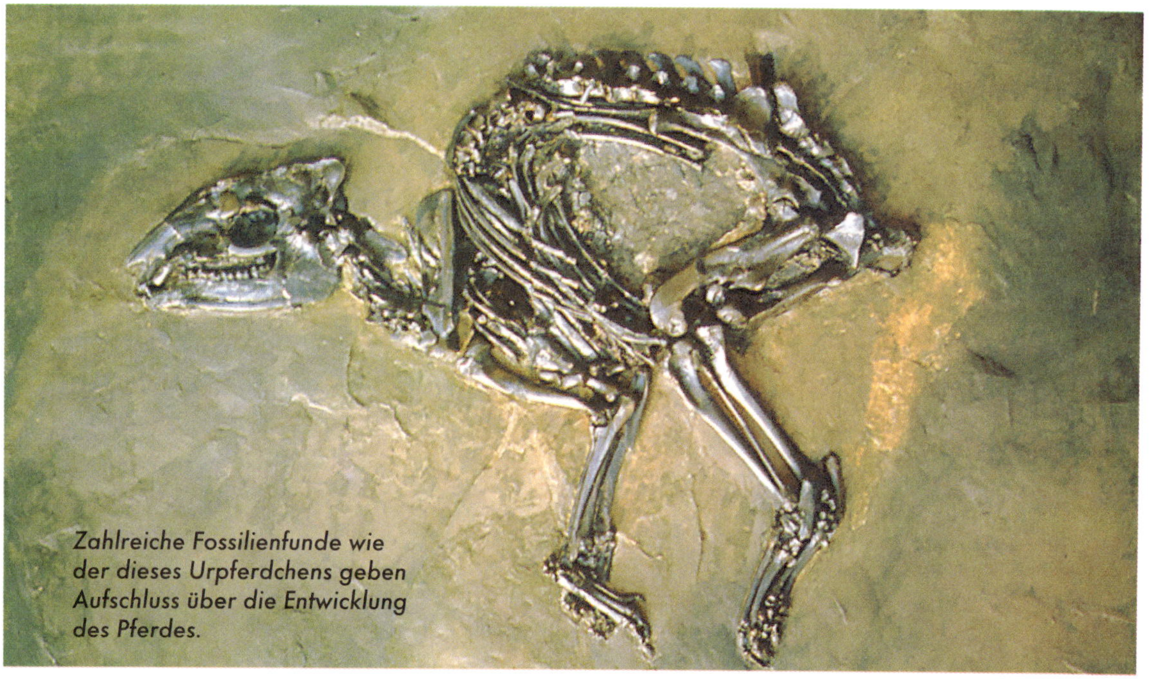

Zahlreiche Fossilienfunde wie der dieses Urpferdchens geben Aufschluss über die Entwicklung des Pferdes.

pus im Oligozän. Mit einer Körpergröße von nur rund 50 cm war es immer noch winzig. Aber seine Statur war insgesamt kräftiger geworden. Die breiteren Zähne verrieten deutlich den Pflanzenfresser. Der vierte Zeh war verschwunden.
Im Zeitalter des Miozän (vor 25 bis 10 Millionen Jahren) verschwanden die dichten Dschungel. Weite Steppen und baumlose Ebenen entstanden. Unter diesen Bedingungen entwickelte sich das Merychippus. Es war bereits stolze 90 cm hoch. Sein Hals war länger geworden, was ihm das Grasfressen erleichterte. Sein mittlerer Zeh hatte sich zu einem Huf ausgebildet. Die beiden äußeren Zehen reichten nicht mehr bis zum Boden. Sie hatten ihre stützende Funktion verloren.
Das Pliohippus, das im Pliozän entstand, war ein Gras fressender Einhufer mit einer stattlichen Höhe von rund 125 cm. Es war wohl überwiegend im Süden Nordamerikas beheimatet. Zu dieser Zeit, etwa vor 10 bis 3 Millionen Jahren, begann die Entwicklung des Menschen. Er jagte das Pliohippus. Sein Fleisch diente ihm als Nahrung.
Vor drei Millionen bis 10 000 Jahren lebte dann das Plesippus. Mit 140 cm Höhe ähnelt es in seiner Statur dem heutigen Zebra. Man nimmt an, dass es sein Vorfahre gewesen sein könnte, der von Nordamerika über Eurasien nach Afrika gewandert war - über die damals noch bestehenden Landbrücken nach Europa und nach Asien.
Aus dem Plesippus entwickelte sich im nachfolgenden Pleistozän das Equus caballus.

Dieses spätassyrische Steinrelief vom Palast in Ninive aus dem 7. Jahrhundert v. Chr. stellt die Schlacht Assurbanipals gegen König Elam dar. Es zeigt einen Elamitischen Kriegswagen, der von einem Pferd gezogen wird. Viele Steinreliefs geben Aufschluss über den frühen Einsatz von Pferden. Chinesen, Assyrer und Griechen und später auch noch weitgehend die Römer bevorzugten bei Feldzügen den Einsatz von Streitwagen.

Eohippus oder Hyracotherium vor rund 60 bis 35 Mio. Jahren

Mesohippus vor rund 35 bis 25 Mio. Jahren

Merychippus vor rund 25 bis 10 Mio. Jahren

Nach der Eiszeit

Als das Eis zurückging, verschwanden die die Kontinente verbindenden Landbrücken unter den Wassermassen. Aus ungeklärter Ursache starben die Pferde auf dem amerikanischen Kontinent völlig aus. Dagegen passten sich die in

Die Urpferdetypen

Aus dem *Equus caballus* entwickelten sich drei Urpferdetypen. Ihre Lebensbedingungen waren ausschlaggebend für ihre unterschiedliche Entwicklung: schwere Pferde in Nordeuropa, die leichteren Tarpans in Osteuropas Steppen und der ukrainischen Steppe und die asiatischen Wildpferde, die Przewalski-Pferde, in der Mongolei. Heute gibt es sie leider nur noch in zoologischen Gärten.
Bevor der Mensch züchtend eingriff, haben sich noch einmal Untertypen entwickelt: zwei Pony- und zwei Pferdetypen.
Die Ponys ähnelten dem heutigen Exmoor-Pony und dem gröberen Highland-Pony.
Einer der Pferdetypen, der aus dem Westen Asiens stammte, soll der Vorfahre des arabischen Pferdes gewesen sein, der andere bewohnte Zentralasien. Seine hervorstechendste Eigenschaft war seine enorme Fähigkeit, Hitze zu vertragen.

Pliohippus vor rund 10 bis 3 Mio. Jahren

Plesippus vor rund 3 Mio. bis 10 000 Jahren

Equus
Es lebte noch in der Eiszeit. Von ihm stammen alle existierenden Einhufer ab.

Asien, Afrika und Europa lebenden Formen der Gattung Equus den jeweiligen Lebensbedingungen an. Zu ihm gehören alle heute lebenden Einhufer: Pferd, Wildesel, Halbesel, Zebra und das Przewalski-Pferd, das letzte noch existierende Wildpferd, das die Eiszeit überlebte.

Die Domestikation

Es ist nicht genau bekannt, wann, wo und wie der Mensch genau anfing, die wilden Pferde einzufangen und zu zähmen. Wahrscheinlich aber begann die Domestikation um ca. 6000 bis 5000 v. Chr. in Eurasien.
In Gefangenschaft entwickelte sich das Pferd langsam zum Haustier. Durch Inzucht und Kreuzung züchteten die Menschen die Eigenschaften des Pferdes heraus, die für sie jeweils von Vorteil waren: Größe, Geschwindigkeit, Kraft, Zähigkeit, Gutmütigkeit, Schönheit. Zahlreiche Rassen entstanden. Die größten Pferde der Welt sind die britischen Shire. Ihre Risthöhe kann übermannshoch sein. Die kleinsten sind die winzigen Shetland-Ponys und die Falabellas, die einen Hund nicht überragen.

Diese 7,5 cm hohe Reiterstatue aus Bronze mit dem Namen „Galoppierendes Pferd" steht im Archäologischen Museum in Sofia (Bulgarien).

Pferde- und Ponyrassen

Nach dem englischen Naturforscher Charles Darwin (1809 bis 1882) haben alle heute existierenden Pferderassen ihren Ursprung im ehemaligen Wildpferd, dem *Equus ferus*. Von ihm gingen in der Nacheiszeit drei wichtige Stammrassen aus: das Solutrépferd in West- und Zentraleuropa, der Tarpan in Süd- und Mittelrussland und das Przewalski-Pferd in der Mongolei. Je nach Umweltbedingungen veränderten sich die Tiere in ihrer Größe und in ihrem Aussehen, sie mutierten. Durch Zucht und Inzucht kreuzten die Menschen jeweils die Eigenschaften heraus, auf die es ihnen besonders ankam. Heutzutage gibt es weit über 200 verschiedene Pony- und Pferderassen.
In Mittel- und Westeuropa und in Innerasien entwickelten sich kleine, robuste Pferde, die den dortigen rauhen Klimaverhältnissen standhalten konnten. Sie dürften die Vorfahren der Ponys sein.

Das Falabella-Pony

Das Falabella-Pony ist ein Miniaturpferdchen, das kleinste der Welt. Ursprünglich ist es eine Kreuzung aus einem

Den Namen hat das Minipferdchen von der Familie Falabella, auf deren Ranch Recreo de Roca in der Nähe von Buenos Aires, Argentinien, es gezüchtet wurde. Das Falabella-Pony ist mehr eine züchterische Spielerei. Es ist zu klein und zu schwach, um geritten zu werden oder als Zugpferd vor dem Wagen zu taugen.

Falabella-Pony:

Herkunft: Argentinien
Größe: höchstens 72 cm
Exterieur: Der Kopf ähnelt dem des Shetland-Ponys, das Gebäude dem eines Pferdes.
Fell: meist langes, seidiges Fell in allen Farben
Eigenschaften: freundlich und intelligent, ein ideales Haustier und geliebter Spielgefährte für Kinder

Das Dartmoor-Pony ist eine uralte Ponyrasse. Es ist nicht nur ein beliebtes Kinderpony, sondern eignet sich auch vorzüglich für Reitanfänger.

besonders kleinen Vollblutpferd und einem Shetland-Pony. Durch die Paarung der jeweils kleinsten Tiere und konsequente Inzucht entstand schließlich das Falabella-Pony. Es haben sich bei ihm die typischen Merkmale des Pferdes durchgesetzt. Deshalb zählt es auch zu den Pferden und nicht zu den Ponys. Die charakteristischen Eigenschaften des Shetland-Ponys, Stärke und Zähigkeit, sind verloren gegangen. Das Falabella-Pony taugt höchstens als Kutschpferd. Zum Reiten ist es viel zu schwach. Trotzdem ist es in Amerika und Europa sehr beliebt als Haustierchen und als Rarität.

Shetland-Pony

Vor über 10 000 Jahren kam das Shetland-Pony aus Skandinavien auf die Shetland-Inseln. Die frühesten Funde sind von 500 v. Chr. Das Pony hatte es nicht leicht, sich auf das extrem rauhe Klima, die eisigen Stürme und die karge Vegetation der öden Inseln einzustellen und dort zu überleben. Es wachsen keinerlei Bäume auf dem steinigen Boden. Er ist karg bedeckt von sehr hartem Gras und Heidekraut. Um nicht zu verhungern, fraßen die Shetland-Ponys in ihrer Not sogar Algen im Watt.
Sein Überlebenswille in dieser unwirtlichen Gegend hat das Shetland-Pony hart und zäh gemacht. Es hat eine besonders lange Nasenpartie. Sie macht es ihm möglich, kalte Luft anzuwärmen, bevor es sie in die Lunge atmet – eine Besonderheit aller nordischen Pferde. Relativ zu seiner Körpergröße hat es eine unglaubliche Kraft. Es kann sein doppeltes Körpergewicht ziehen.

Das Dartmoor-Pony

Das Dartmoor-Pony trägt seinen Namen aus seiner Heimat, dem Dartmoorgebiet. Seit 1899 gibt es eine Dartmoorabteilung im Stutbuch des Polopony-Verbandes. In ihm ist der allgemein gültige Standard dieses Ponys festgeschrieben.
Diese freundlichen, sensiblen Ponys verfügen über eine enorme Sprungkraft. Sie sind sehr wendig und trittsicher.

Das Shetland-Pony ist lammfromm, aber mutig und charaktervoll. Es läuft sicher im Tritt und ist sehr anpassungsfähig. Deshalb eignet es sich hervorragend als Reitpony und als Fahr- und Zugpferd für Kinder.
Das Shetland-Pony zählt zu den verbreitetsten Pony-Rassen überhaupt. Es ist das kleinste Pony der Britischen Inseln. Seine enorme Kraft und seine Robustheit haben es weltberühmt gemacht. Im 19. Jahrhundert wurde es häufig im Bergbau eingesetzt.

Shetland-Pony

Herkunft: Nordschottland, Shetland- und Orkney-Inseln
Größe: etwa. 95 cm, höchstens 104 cm
Fell: Das Fell kann jede Farbe haben. Im Sommer ist es weich, im Winter wächst es dicht und borstig und bildet sogar eine warme Unterdecke als Schutz vor Kälte. Auch der buschige Schweif und die dichte Mähne schützen zusätzlich vor Wind und Kälte. Der sensible Kopf ist gut geformt und die breite Stirn verrät Intelligenz.
Charakter: fromm und mutig

Dartmoor-Pony

Herkunft: England - Devon
Größe: Bis zu 127 cm
Fell: Dunkelbraune, Rappen und Braune sind die bevorzugten Farben. Braun- und Rappschecken dürfen nur wenige weiße Flecken haben, um vom Zuchtverband anerkannt zu werden.

Ihr Hals ist enorm kräftig. Durch die besondere Schräge ihrer Schulterpartie laufen sie weit ausgreifend wie Pferde. Man sagt, sie verfügen über „Pferdegänge“. Es bewegt sich niedrig, lang und ökonomisch. Das Gebäude ist erstklassig, und die Hufe und Gliedmaßen können nicht besser sein. Der kleine, edle Kopf verrät den ausgezeichneten Charakter dieses Ponys. Die Ohren sind klein und äußerst aufmerksam.
Dem Pferdeexperten William Youatt entgingen zwar 1820 die positiven Eigenschaften des Dartmoor-Ponys keineswegs, er fand aber unverständlicherweise, dass es, „neben dem Exmoor-Pony, das hässlichste der Welt“ sei.

New-Forest-Pony

Seit Jahrhunderten lebt das New-Forest-Pony im Wald- und Parkgebiet im Südwesten von Hampshire frei und wild. Zahlreiche Straßen führen durch das Gebiet. Es zählt zu den Ausflugs- und Erholungsgebieten für die Menschen dort. Dadurch war das Pony schon früh an Menschen gewöhnt. Es wurde ausgesprochen menschenfreundlich und zutraulich. Diese Eigenschaft machte es zum sichersten Kinderreitpony überhaupt.
Immer wieder wurde der Versuch unternommen, es mit viel Fremdblut zu verbessern, u.a. mit dem Vollbluthengst Marske, dem Vater des unbesiegten Rennpferdes Eclipse. Im 19. Jahrhundert kamen auf Veranlassung von Königin Victoria Araber- und Berberhengste zum Züchten dazu, später noch Highlands, Fells, Dales, Dartmoors, Exmoors und Welsh-Ponys. Diese bunte Mischung ergab das heutige New-Forest-Pony, das seinen freundlichen Charakter nicht verloren hat.

New-Forest-Ponys sind leicht zu handhaben und auch sehr stark. Die größeren unter ihnen können mühelos erwachsene Reiter tragen. Es ist ein großes Allround-Reitpony mit gutem, tiefem Rumpf. Sein Tritt ist sicher, seine Gänge frei, lang und flach. Die starken Gliedmaßen ermöglichen ihm einen schnellen Galopp. Es hat Spaß am Laufen im Gelände. Rund 2000 New-Forest-Ponys leben in freier Wildbahn in der Region New Forest in der Nähe von Hampshire.

New-Forest-Pony

Herkunft: England, New Forest, Gebiet Hampshire
Größe: 122 - 146 cm
Fell: Alle Farben außer Schecken

Welsh-Cob

Der Welsh-Cob, ein Pony aus dem englischen Cardiganshire in der Grafschaft Wales, erobert spielend die Herzen der ganzen Familie. Er läuft trittsicher und mutig und hat alle Voraussetzungen, seinen Reiter erfolgreich durch manches Rennen zu tragen. Mit energischem Temperament nutzt er seine Größe und kämpft im Wettkampf zäh und ausdauernd.

1902 wurde das Stutbuch der Cob-Society und Welsh-Ponys eröffnet. Es wurde in vier Sektionen unterteilt: zwei für Ponys, zwei für Cobs: Welsh-Mountain-Pony (Sektion A, bis max. 122 cm), Welsh-Pony (Sektion B, 122 bis 137 cm), Welsh-Pony (Sektion C, 137 cm) und Welsh-Pony (Sektion D, 142 - 158 cm).

Der Welsh Cob ist – wie alle vier Cob-Linien – das Resultat einer Kreuzung der Powys Cobs, Norfolk Roadstern und Yorkshire Coach-Horses im 18. und 19. Jahrhundert.

Highland-Pony

Das Highland-Pony ist ein vielseitiges Allzweck-Pony. Es ist lammfromm, intelligent und lernwillig. Wird es gut behandelt, dankt es dies seinem Besitzer mit grenzenlosem Vertrauen.

Von jeher zeigte es seine besondere Fähigkeit als Jagdpferd. Auf steilen, glatten Bergpfaden läuft es so trittsicher

Welsh-Cob

Herkunft: England, Wales
Größe: Das Pferd erreicht gewöhnlich eine Größe von 142 - 158 cm.
Fell: Es kann alle Farben haben, nur nicht scheckig oder getupft.
Charakter: Ein intelligentes Pony, mutig, kühn und energisch, aber gut zu führen.

Der Körperbau des Welsh-Cob verrät deutlich die Abstammung vom Welsh-Mountain-Pony. Er entstand aus einer Kreuzung von Welsh-Mountain-Ponys mit römischen Importpferden. Dazu wurden im 11. und 12. Jahrhundert spanische Pferde berberischen Typs eingekreuzt.
Das Welsh-Cob-Pony zählt schon zu den größeren Pony-Rassen, die sich bestens als Sport- und Reitpferde für die ganze Familie eignen. Das Welsh-Stutbuch ist in vier Sektionen unterteilt: A, B, C und D, weil die Ponys zwar ursprünglich dieselbe Herkunft aufweisen, aber mit unterschiedlichen Zielen gezüchtet wurden. A: Das Welsh-Mountain-Pony, das kleinste, aber edelste; B: Das Welsh-Pony, nach der Einkreuzung des kleinen Vollbluthengstes „Merlin" auch Merlins genannt.

Highland-Ponys sind gute Futterverwerter. Sie fühlen sich auch auf rauhen Weiden wohl und brauchen wenig Zufutter. Von Natur aus haben sie eine robuste Gesundheit und sind frei von Erbkrankheiten.
Das Highland-Pony eignet sich als Zug- und Reitpony. Es wird auch immer noch in der Landwirtschaft als Arbeitspony eingesetzt.

und ruhig, dass ein Jäger von seinem Rücken aus schießen kann. Und es ist kräftig genug, einen erlegten Hirsch neben seinem Reiter mühelos nach Hause zu tragen.
Die Ursprünge des heutigen Highland-Ponys reichen weit zurück. Höhlenzeichnungen aus dem französischen Lascaux von vor rund 15 000 bis 20 000 Jahren zeigen Tiere, die ihm sehr ähnlich sehen. Der dunkle Aalstrich auf seinem Rücken erinnert noch deutlich an seine Herkunft.

Highland-Pony

Herkunft: Schottland
Größe: ca. 124 - 145 cm
Fell: Überwiegend Falbe mit Aalstrich
Charakter: Intelligent, gelehrig und sehr fromm, sensibel und dem Reiter grenzenlos vertrauend

Hackney-Pony

Das Hackney-Pony ist ein reines Wagenpferd. Es zeichnet sich aus durch seine eisenharten Beine und guten Hufe. Beim Laufen nimmt es sie so hoch wie möglich und

Hackney-Pony:

Herkunft: Es ist nicht ganz geklärt, ob es sich um Tiere englischer oder französischer Abstammung handelt.
Größe: ca. 124 - 145 cm
Fell: Überwiegend Dunkelbraun, Fuchs und Rappe
Exterieur: Echter Ponytyp mit kompaktem Rumpf, guten Schultern und kräftiger Hinterhand. Es trägt einen typischen Ponykopf mit spitzen Ohren.

Es gibt den Hackney sowohl als Pferd als auch als Pony. Er stammt von den englischen Trabern des 18. und 19. Jahrhunderts ab. Die kleineren amerikanischen Hackneys haben eindeutig Ponycharakter. Ihre muskulöse Kruppe und die starken Beine machen sie auch zu ausgezeichneten Reit- und Springpferden.

gelangt dadurch zu einer extrem runden Bewegung. Die gewaltige Kraft aus der Hinterhand macht es schnell. Dabei läuft es mit Leichtigkeit und Anmut. Es sieht aus, als würde es über dem Boden schweben. Der Hackney gilt als spektakulärstes Fahrpferd der Welt.
Heute sind diese Tiere fast nur noch auf Schauen zu sehen. Besonders die Nordamerikaner lassen sich von ihrem ansprechenden Äußeren immer noch begeistern.

Connemara

Beim Connemara handelt es sich um ein großes irisches Mehrzweck-Pony. Es ist eine verhältnismäßig junge Züchtung, die auf den Hengst Cennon Ball zurückzuführen ist. Er wurde 1904 geboren und hat sechzehn Jahre hintereinander das Bauernrennen in Oughterard gewonnen. 1923 wurde die Connemara-Pony-Breeders'- Society gegründet. Die Ursprünge des Connemara-Ponys reichen weit zurück. Um das exzellente Reit- und Springpferd von heute zu erzielen, wurden zahlreiche Rassen eingekreuzt. Berber, Spanier und Araber sind ebenso vertreten wie Welsh-Cobs, Vollblüter, Roadster oder Hackneys. Daraus entstand das wohl beste Turnierpony überhaupt. Es vereinigt in sich Härte, Ausdauer und einen willigen Charakter.

Connemara

Herkunft: Irland
Größe: Zwischen 130 und 147 cm
Exterieur: Gute Schultern, starke Röhren, ausgezeichnete Hufe zeichnen ihn als trittsicheren Renner und natürlichen Springer aus. Der Hals ist lang wie bei einem Reitpferd. Der orientalische Kopf ist klein und trocken.

Das Connemara-Pony stammt aus Irland, wo es auch heute noch frei lebend gezüchtet wird. Je nach Größe ist es für alle Zwecke gut einsetzbar. Vor allem die Amerikaner schätzen den Connemara als ideales Turnierpferd für Jugendliche. Sein Äußeres verbindet Eleganz mit Kraft und guten Proportionen zu hervorragenden Reiterqualitäten. Sein umgänglicher Charakter und seine Vielseitigkeit machen ihn als Reittier für Kinder und Erwachsene begehrt.

Dülmener Pony

In Deutschland gibt es drei in freier Wildbahn lebende Ponyrassen. Die älteste ist das Dülmener Pony, auch Dülmener Wildpferd genannt. 1316 ist es erstmalig urkundlich erwähnt.

Die wilde Herde ist seit dem 19. Jahrhundert im Besitz des Herzogs von Croy. Sie ist in einem Wildgehege im Merfelder Bruch, wenige Kilometer westlich von Dülmen untergebracht. Zur Blutauffrischung wurden öfter Ponyhengste aus Spanien, England und Polen eingekreuzt.

Dülmener Ponys leben frei in einem Wildgehege im Merfelder Bruch nahe Dülmen.

Dülmener - Pony

Herkunft: Deutschland (Westfalen)
Größe: ca. 125 cm
Farben: Mausfarben und Dunkelbraune mit Mehlmaul und hellem Bauch,
halbfrei lebende Rasse in der Nähe von Dülmen

Das Island-Pony stammt ursprünglich aus Norwegen, von wo es norwegische Einwanderer mit nach Island brachten. Es ist so genügsam, dass es im Winter sogar von Algen und von Gräsern, die es unter dem Schnee findet, satt wird.

Die Herde besteht ausschließlich aus Stuten und Fohlen. Einmal im Jahr werden alle Hengstfohlen herausgefangen und verkauft. Zu diesem Schauspiel finden sich immer zahlreiche Pferdeliebhaber ein.
Die beiden anderen wilden Herden in Deutschland entstanden im 19. und 20. Jahrhundert. Es sind die Lehmkuhlener und die Arenberg-Nordkirchener.

Island-Pony

Norwegische Einwanderer sollen das Island-Pony bereits im 9. Jahrhundert n. Chr. nach Island gebracht haben. Es mischte sich mit irischen, schottischen und britischen Ponys und entwickelte sich so zum heutigen Island-Pony. Seine Genügsamkeit und seine Widerstandskraft haben es bedeutungsvoll werden lassen. Den Isländern war es auf der kargen Insel als Last- und Tragetier höchst willkommen. Da Rinderhaltung an der Nahrungsversorgung scheitert, halten sie die Ponys heute noch für ihre eigene Fleischversorgung.

Haflinger

Der arbeitswillige und vielseitige Haflinger hat sich als Arbeitspferd in der Landwirtschaft, aber auch als gefügiges und anpassungsfähiges Reitpferd durchgesetzt. Seine Heimat ist Tirol in Österreich. Seinen Namen hat er von dem Dorf Hafling in den Etschtaler Alpen.
Das Leben in den Bergen hat ihn geformt. Er ist ein kerngesundes und hartes Pferd. Noch heute werden die Jungpferde in Österreich in den Alpen aufgezogen (geälpt), damit die dünne Luft ihre Herzen und ihre Lungen kräftigt. Haflinger sind Kleinpferde. Sie sind Kaltblüter, die mit Araberblut veredelt wurden. Sie erreichen ein Mindest-

Island-Pony

Herkunft: Island
Größe: 122 - 135 cm
Farben: Überwiegend Schimmel oder Falbe, Dunkelbrauner, Fuchs, Isabelle
Charakter: Gefügig und freundlich, unabhängig. Sein Orientierungsvermögen ist legendär. Extrem zäh, hart und widerstandsfähig.
Exterieur: Der Rumpf ist untersetzt, der Kopf verhältnismäßig groß. Es verfügt über eine außerordentlich gute Sehkraft.

Haflinger

Herkunft: Österreich (Tirol) und Bayern
Größe: von 135 - 145 cm
Fell: Der Haflinger ist fast immer fuchsfarben mit flachsweißer Mähne und Schweif.

Haflinger sind – wie die meisten Primitivrassen – spätreif, das heißt, sie sollten erst ab etwa vier Jahren zum Arbeiten eingesetzt werden. Dafür können sie bis zu 40 Jahre alt werden. Der Haflinger setzt sich nicht nur als williges Arbeitstier durch, sondern erfreut sich auch als Reit- und Zugpferd wachsender Beliebtheit.

Stockmaß von 135 cm, werden aber häufig über 140 cm groß. Ihre Hufe haben Ponyqualität und ermöglichen ihnen auch deren Trittsicherheit in schwierigem Berggelände.
Der italienische Avelignese stammt wie der Haflinger vom ausgestorbenen Avelinum-Haflinger ab. Äußerlich sind sie sich sehr ähnlich, wenngleich der Avelignese etwas größer und schwerer ausfällt.

Fjordpferde haben ihren Ursprung in einer primitiven, alten Rasse vorgeschichtlicher Zeit. Davon zeugen der Aalstrich und die zebrierten Beine.
Es ist ein eigenwilliges Pferd, dabei aber durchaus arbeitsam. Durch seine Zähigkeit, Genügsamkeit und Langlebigkeit taugt es für viele Arbeiten.

Fjordpferd

Das Fjordpferd hat sich sein charakteristisches Aussehen über die Jahrhunderte hinweg erhalten. Es gleicht immer noch dem Wikingerpferd, mit dem diese in den Krieg zogen. Sein Ursprung ist nicht ganz geklärt. Auch wenn es wie kein anderes Pferd an die asiatischen Wildpferde erinnert, könnte sein Vorfahre auch der Tarpan gewesen sein. Trotz selektiver Zucht behielt das Fjordpferd sein asiatisches Aussehen.
Die Tiere sind fahlfarben und tragen den typischen Aalstrich vom Widerrist bis zum Schweifansatz. Oft zeigen sich auf den Beinen Zebrastreifen. Die Mähne wird beim Fjordpferd immer so kurz geschnitten, dass sie aufrecht steht. Das dunkle Innenhaar bleibt länger als das helle Außenhaar.
Der Kopf ist breit wie beim Pony. Manche Pferde haben Ganaschenprobleme.

Fjordpferd

Herkunft: Norwegen
Größe: 133 - 145 cm
Fell: Falben in allen Schattierungen. Aalstrich und oft Zebrastreifen an den Vorderbeinen und Schenkeln.
Charakter: Eigenwillig, aber trotzdem arbeitsfreudig, unermüdlich, fromm und umgänglich.

Bosniake

Die Heimat des Bosniaken ist Bosnien und Herzegowina im ehemaligen Jugoslawien. Er ist ein besonders anhängliches, hochintelligentes Gebirgspony und die am meisten verbreitete Ponyrasse in den Balkanländern. Sie macht rund ein Drittel des gesamten Pferdebestandes aus. Äußerlich ähnelt der Bosniake dem Huzulen. Seine Widerstandskraft und Zähigkeit erweisen sich als vorteilhaft beim Tragen und Ziehen in der Landwirtschaft, aber auch beim Reiten. Das kompakte Pony ist hart und ausdauernd. In seinen Adern fließt das Blut von Orientalen und vom Steppenpony.

Bosniake

Herkunft: Bosnien und Herzegowina
Größe: 130 - 140 cm
Farben: Rappe und Schimmel sowie Brauner und Fuchs
Charakter: Sehr intelligent, anhänglich und zäh.
Der Bosniake ist die wichtigste und verbreitetste Ponyrasse in den Balkanländern.

Der Bosniake ist in Bosnien zu Hause, wo er überwiegend als Last- und Zugtier eingesetzt wird. Er eignet sich aber auch zum Reiten.

Das Pony ist als Pferd ernst zu nehmen

Unter den Oberbegriff Pony fallen Kleinpferde bis zu einer Größe von 148 cm. Sie haben sich überall dort entwickelt, wo die Lebensbedingungen besonders hart, das Klima rauh und die Vegetation karg waren. Ihre Stärke liegt in ihrer Widerstandsfähigkeit und Genügsamkeit. Außerdem zeichnen sie sich durch ihre besondere Trittsicherheit aus.

Um die Rassen zu verbessern, wurden vor allem Araber und Vollblüter eingekreuzt. Moderne Züchtungen haben Ponys hervorgebracht, die sich in ihrer Leistungsfähigkeit durchaus mit einigen Pferden messen können, jedoch die robustere Pony-Natur bewahrt haben. Sie sind in aller Regel wesentlich günstiger zu haben als hochgezüchtete Pferde und in der Versorgung und Haltung anspruchsloser.

Nach Europa kam das arabische Pferd wohl erstmals während der moslemischen Überfälle auf die Iberische Halbinsel im 7. Jahrhundert n.Chr., als die Anhänger des Propheten Mohammed die Islamische Lehre verbreiteten.

Der Araber

Dieses Pferd ist unbestritten der Liebling aller Pferdefreunde, auch wenn es sich als Reitpferd nicht für jedermann und nicht für jeden Einsatz eignet. Seine Schönheit, sein bestechendes Temperament, seine Klugheit, Treue und Zähigkeit machten es weltberühmt. Die gute Vererbbarkeit der begehrten Eigenschaften sind der Grund, dass sein Blut in fast allen namhaften Pferderassen vertreten ist. Über seine Entstehung gehen die Meinungen der Fachleute weit auseinander und noch weiter darüber, wie alt diese älteste Pferderasse der Welt wirklich ist. Die Beduinen beanspruchen für sich, dass dieses Pferd bereits 5000 Jahre v. Chr. seinen Ursprung im Arabischen Raum hatte. Es soll von den asiatischen Wildpferden abstammen, die die Wüsten Syriens, Persiens und Ägyptens bewohnten und von den arabischen Nomaden eingefangen und domestiziert worden waren. Als älteste Zucht gilt der Persische Araber. Man nimmt heute überwiegend an, dass der Jemen die eigentliche Heimat des Arabers war.
Der Name „Araber“ bezeichnet ihn auf jeden Fall als Pferd des Mittleren Ostens, der Arabischen Halbinsel. Und von dort sind seine Spuren durch die Welt seit dem 7. Jahrhundert n. Chr. verfolgbar.
Beduinen und Berber, Nomaden, Jäger und Händler, die früh die Kraft der Pferde als Lasttiere zu schätzen wussten, aber auch ihre Schnelligkeit und Ausdauer, wenn sie sich

Araber

Herkunft: Arabische Halbinsel, wahrscheinlich Jemen. Heute ist der Araber auf der ganzen Welt verbreitet.
Größe: Die Idealgröße liegt bei einem Stockmaß von 1,49 bis 1,54 m
Farben: Schimmel, Fuchs, Brauner und Rappen
Exterieur: Der edle Kopf ist klein und zierlich, das Profil gerade, die Nasenlinie konkav eingewölbt. Das kurze Maul sehr weichhäutig. Auffallend sind die großen, dunklen Augen und Nüstern, die Ohren sind klein und spitz. Charakteristisch ist der hoch getragene Hals. Der Körper ist muskulös und sehnig, die Gliedmaßen sind hart und trocken.
Besonderheiten: Als einziges Pferd der Welt hat der Araber 17 Rippen, 5 Lenden- und 16 Schweifwirbel. Alle anderen Pferde haben 18 Rippen, 6 Lenden- und 18 Schweifwirbel. Diese Besonderheit läßt den Araber den Schweif sehr hoch tragen.
Leistung: Die Ausdauer, der Mut und die Widerstandskraft des Arabers sind legendär.

und ihre Beute nach Raubzügen rasch in Sicherheit bringen mussten, nahmen sich intensiv der Züchtung des Arabers an. Das Pferd ist geprägt vom unerbittlichen Reinzuchtprinzip der Beduinen mit ständiger Inzucht und den extremen Lebensbedingungen der Wüste. Das glühend heiße Klima und die karge Vegetation zwangen das Pferd, sich zu verändern und den Lebensbedingungen anzupassen. Nur die Stärksten konnten dort überhaupt überleben.
Die Tiere hatten es nicht leicht, in der Wüste satt zu werden. Grünfutter nämlich gab es nur während weniger Monate im Winter. Die übrige Zeit begnügten sich die Pferde mit getrockneten Datteln, Heuschrecken, gedörrtem Kamelfleisch und tranken Kamelmilch.

Anglo-Araber

Der Anglo-Araber ist das Produkt der Kreuzung von Englischem und Arabischem Vollblut. Es war das Ziel, die besondere Härte des Arabers mit den hervorragenden Reiteigenschaften des Vollblüters in einem Pferd zu vereinen.
Der Anglo-Araber wird in der ganzen Welt gezüchtet. Vom Englischen Vollblut verspricht man sich vor allem Größe. Um das Zuchtziel zu erreichen, kreuzt man in England einen arabischen Hengst mit einer Vollblutstute. Bei Eltern umgekehrter Herkunft ist das in der Regel nicht zu erreichen. Das Stockmaß soll um 160 bis 163 cm liegen.

Anglo-Araber

Herkunft: Kreuzung zwischen Arabischem und Englischem Vollblut
Größe: ca. 165 cm
Farbe: Alle Farben
Charakter: Intelligent, lebhaft und mutig, dabei sehr gutmütig.

Zu den gelungensten und begehrtesten Pferde-Züchtungen zählt der Anglo-Araber. In Frankreich wird der Anglo-Araber seit über 150 Jahren gezüchtet. Die wichtigsten Gestüte sind Pau, Pompadour, Tarbes und Gelos. Sie erzielen große, muskulöse Springpferde, bestens geeignet für Rennen, Geländereiten und Dressur.

Es gibt Theorien, nach denen der Berber als isolierte Gruppe von Wildpferden die Eiszeit überlebt haben soll. Sollte diese These stimmen, wäre der Berber sogar noch älter als der Araber.

Berber

Der Berber gilt neben dem Araber als zweite Gründerrasse für viele Pferderassen der Welt. Er wurde vielfach zur Festlegung und Verbesserung anderer Rassen eingesetzt.
Sein ursprünglicher Lebensraum ist Nordafrika, vorwiegend Algerien, Marokko, Tunesien und Libyen. Obwohl auch er ein Wüstenpferd wie der Araber ist, unterscheidet er sich doch wesentlich von diesem.
Die Mauren brachten ihn 800 n. Chr. nach Spanien, wo er sich mit einheimischen Pferden mischte und praktisch zum Stammvater des Andalusiers wurde. Karl II. von England, der leidenschaftlich dem Pferderennsport frönte, führte unzählige Berber nach England ein. Durch die Kreuzung mit englischen Rennpferden erzielte er schnellere und ausdauerndere Tiere, die Vorläufer des Englischen Vollbluts. Der heutige Berber ähnelt in seinem Äußeren mehr dem Achal-Tekkiner aus der Zeit vor der Domestikation als dem Araber, mit dem er oft gekreuzt wurde und aus dem der Anglo-Araber hervorging. Die starke Erbmasse des Berbers setzt sich in seinen typischen Merkmalen immer wieder durch: langes, konvexes Profil, schräge Hinterhand, tief angesetzter Schweif. Er ist berühmt wie der Araber für seine Schnelligkeit auf kurzen Strecken und verfügt auch über die gleiche Zähigkeit, Ausdauer und Härte. Die Eleganz allerdings fehlt ihm, weshalb er nicht annähernd die Bewunderung erfährt wie sein Bruder, der Araber.

Der Andalusier

Auf spanisch heißt dieses Pferd „Caballo de Pura Raza Española", was in der Übersetzung „Pferd reiner spanischer Rasse" bedeutet. Seine Heimat ist Andalusien, die südlichste Region Spaniens, von der er seinen Namen hat.

Berber

Herkunft: Nordafrika, Algerien, Marokko, Libyen, Tunesien.
Größe: 143 - 153 cm
Fellfarben: Meistens braun oder schwarz. Durch die Einkreuzung von Arabern gibt es inzwischen auch Schimmel und Füchse.
Charakter: Ein mutiges und frommes Pferd, das außerordentlich zäh ist und ungewöhnlich anspruchslos und genügsam bezüglich seines Futters. Es kann sogar mit minderwertigem, kargem Futter überleben.

Andalusier

Herkunft: Spanien, Andalusien
Größe: Das Stockmaß des Andalusiers liegt zwischen 152 und 163 cm.
Farben: Die meisten Pferde sind Schimmel und Braune in allen Schattierungen, manchmal Rappen. Es tauchen auch immer noch gesprenkelte Pferde und Schecken auf, die auf die frühen spanischen Linien zurückzuführen sind.
Charakter: Andalusier sind sehr gelehrige und gutmütige Pferde. Ihr Vorteil liegt in ihrer enormen Ausdauer und Stärke.
Exterieur: Vom Kopf her erinnert der Andalusier an den Berber. Die Augen sind groß und ausdrucksvoll, der Hals kräftig und hoch getragen. Der Körper ist kompakt mit runder Kruppe und einem geraden Rücken. Das Pferd läuft rhythmisch und schwungvoll. Es eignet sich hervorragend für die Hohe Schule. Der Lipizzaner ist ein direkter Abkömmling des Andalusiers. Typisch für den Andalusier sind der lange, volle und seidige Schweif und die wallende Mähne.

Der temperamentvolle Berber zeigt sein Rennvermögen gern. Mit hochgestelltem Schweif, der seine Absicht zu laufen verrät, ist er nur schwer zu halten.
Als Dressurpferde haben sie heutzutage ihre hohe Bedeutung gegenüber anderen Pferderassen eingebüßt. Sie sind aber beliebte Reit- und Zugpferde und werden sogar als Arbeitspferde in der Landwirtschaft eingesetzt.

Ursprünglich sollen rund 2000 numidische Stuten von dem karthagischen Feldherrn Hasdrubal nach Spanien eingeführt worden sein. Sie hatten den Ruf, „schneller als der Wind“ zu laufen. Bis zum römischen Einfall 200 v. Chr. lebten diese Pferde wild und pflanzten sich willkürlich fort. 400 n.Chr. fielen nordeuropäische und germanische Barbaren in Spanien ein, und ihre germanischen Pferde mischten sich mit den einheimischen spanischen. 711 n.Chr. besetzten die Mauren die Halbinsel und brachten 300 000 Pferde mit, man nimmt an, überwiegend Berber. Die Wendigkeit dieser Pferde verschaffte den maurischen Kriegern enorme Vorteile gegenüber den plumperen spani-

Vor allem die spanischen Mönche machten sich um die Pferdezucht verdient. Sie achteten streng auf die Reinrassigkeit der Züchtung. 1476 errichteten Kartäuser-Mönche die erste große Andalusier-Zucht in Jerez de la Frontera. 1571 gründete Philipp I. das erste Königliche Gestüt in Cordoba. Noch heute liegt das Zentrum der spanischen Pferdezucht in Jerez de la Frontera, Cordoba, Sevilla und Arcos.

Der Andalusier ist zweifelsfrei eines der schönsten und wertvollsten Pferde. Aus seiner spanischen Heimat wird er in die ganze Welt exportiert.

schen Pferden. Diese Erfahrung war der Anlass für die gezielte Zucht des Andalusiers im Mittelalter. Er wurde neben dem Araber und dem Berber die dritte prägende Pferderasse der Welt. Es ist anzunehmen, dass die edlen Berber sich mit den einheimischen spanischen Pferden, den Sorraia und Garrano mischten. Daraus züchteten die Spanier den Andalusier. Er vereint die Vorzüge des Berbers und der spanischen Pferde.
Der Andalusier erlangte höchstes Ansehen und war das bevorzugte Pferd der Könige und des Hochadels. Wie kein anderes Pferd brillierte er bei Paraden mit hochgradig versammelten Gangarten.

Lipizzaner

Dieses makellos schöne Pferd ist eine österreichisch-ungarische Züchtung. Es trägt den Namen des ehemals kaiserlich-österreichischen Hofgestüts Lipizza bei Triest. Im 16. Jahrhundert, als das Gestüt gegründet und die Rasse der Lipizzaner auf Veranlassung des Erzherzogs Karl II. gezüchtet wurde, gehörte es noch zum Kaiserreich der Habsburger. Hengste und 24 Stuten wurden dafür aus Spanien importiert, das damals zum Habsburgischen Königreich gehörte. Der Erzherzog wollte sicherstellen, dass immer genügend große Pferde für den herzoglichen Stall in Graz und den Marstall in Wien zur Verfügung standen.

Lipizzaner

Herkunft: Lipizza im ehemaligen Jugoslawien, das im 16. Jahrhundert zu Österreich-Ungarn gehörte.
Farbe: Lipizzaner sind fast immer Schimmel, manchmal Braune, und ganz selten wird ein Rappe geboren.
Größe: Das Stockmaß liegt zwischen 151 cm und 163 cm.
Charakter: Der Lipizzaner ist ein intelligentes, gehorsames und gutmütiges Pferd, das willig lernt und arbeitet.
Exterieur: Ein gut geformter Kopf, dem man den arabischen Einfluss ansieht. Das Pferd ist kompakt und muskulös, geradezu athletisch, die Hinterhand kräftig ausgebildet, was ihn für die Dressur zur Hohen Schule auszeichnet. Er ist aber auch als Wagenpferd bestens geeignet. Sein Hals ist kräftig, die Schultern schwer, die Kuppe breitrund.
Seine Gliedmaßen sind kurz und stämmig. Trotzdem ist der Lipizzaner geschmeidig in

Die verhältnismäßig kleinen Pferde wurden außerordentlich hart, haben einen fehlerlosen Knochenbau und Füße von unvergleichlicher Qualität. Der kräftige Körper vermittelt den Eindruck geballter Energie. Sie sind willig und gelehrig. Deshalb eignen sie sich hervorragend zur Dressur und machen die Spanische Hofreitschule von Wien seit Jahrhunderten weltberühmt. Sie glänzen in der Dressur, weil sie lange Zeit als einzige Pferde die Kapriole fehlerfrei sprangen, eine Übung, die höchsten Gehorsam verlangt. In der Wiener Hofreitschule werden immer nur Hengste ausgebildet. Lipizzaner sind spätreife Pferde, ein Phänomen, das man häufiger bei Rassen antrifft, die in karstigen Gegenden gezüchtet wurden. Ihr Vorteil ist ihre Langlebigkeit und langjährige Leistungsfähigkeit. Sie werden nicht selten über 30 Jahre alt.

Die spanischen Pferde – Andalusier – wurden gekreuzt mit Karstern, oberitalienischen Pferden, später auch mit Dänen, Deutschen und Neapolitanern und mit Arabern. Das herrliche weiße Fell gewannen die Lipizzaner durch die Einkreuzung des arabischen Gründerhengstes Siglavy. Darauf waren die Züchter besonders stolz, denn weiß sollte die Farbe der „Pferde des Kaisers“ werden.
Anfänglich wurden noch viele farbige Pferde geboren, von schwarz über braun, falb- und cremefarben bis hin zu Schecken. Heute sind die meisten Lipizzaner weiß, obwohl alle Fohlen schwarz oder braun geboren werden. Erst als Zweijährige bekommen sie ihr weißes Fell. Nur manchmal bleibt ein Pferd braun. In Erinnerung an den Beginn der Züchtung steht deshalb in der Spanischen Hofreitschule noch heute immer ein brauner Hengst.

Englischer Vollblüter

Keine andere Rasse hat mehr Wert erlangt als diese englische Züchtung. Sie begann unter Heinrich VIII., in dessen Auftrag spezielle Rennpferde gezüchtet wurden. Dafür wurden spanische und italienische Pferde importiert und immer wieder mit Irish Hobby und Scottish Galloway gekreuzt. Zur Veredelung kamen Araber, Berber und Türken dazu. Es entstand das schnellste und vermutlich wertvollste Pferd der Welt.
Seine besonderen Vorzüge sind körperliches und psychisches Durchhaltevermögen. Das Pferd ist äußerst mutig und anstrengungsbereit und von schier unerschöpflichem Kampfgeist. Die Gänge sind lang und flach. Es läuft mühelos. Seine enorme Geschwindigkeit holt es aus der Hinterhand, die von der Hüfte zum Sprunggelenk so lang ist, dass die Hinterhand beim Galopp extrem untertreten kann.

Die Bezeichnung „Vollblut“ beschreibt das Temperament und den hohen Anteil des Blutes gemessen am gesamten Körpervolumen.
Das Exterieur des Vollblüters ist geprägt von feinen Linien, einem langgestreckten Gebäude, das bereits seine Schnelligkeit ahnen lässt. Der Hals ist lang und anmutig. Die langen, schrägen Schultern sind typisch für den Vollblüter. Der Kopf mit dem gerade geschnittenen Profil wirkt aristokratisch. Die Augen sind groß und wach, seine Nüstern weit.

Englisches Vollblut

Herkunft: England, inzwischen aber hauptsächlich aus Amerika
Größe: ca. 160 bis 163 cm, je nach Verwendungszweck werden sie aber auch wesentlich kleiner oder größer gezüchtet.
Verwendung: Englische Vollblutpferde dienen als Reitpferde, Flieger, Steher und Steeplechaser und als Jagdpferde.
Charakter: Sie sind kühn, lebhaft und mutig.

Pinto

Herkunft: USA, Züchtung überall in der Welt
Größe: 143 - 165 cm
Farben: Schecke in zwei Grundmustern: Overo und Tobiano

Charakteristisch für den Pinto ist sein spärlicher Schweif. Er wurde in selektiver Züchtung eigens herausgebildet, damit das Pferd sich im Jagdeinsatz nicht im Unterholz damit verfängt.

Von Mexiko bis weit in den Westen der heutigen Vereinigten Staaten existierten um die Jahrhundertwende über eine Million wilder Mustangs. Sie wurden so rücksichtslos getötet und überwiegend zu Hundefutter verarbeitet, dass sie unter Naturschutz gestellt werden mussten, um nicht gänzlich ausgerottet zu werden.

Aus wirtschaftlichen Gründen wird der Vollblüter frühreif gezüchtet. Bereits zweijährig wird er auf die Rennbahn geschickt. So verdient er schnell Geld. Der Nachteil an diesem Zuchtziel ist, dass die sensiblen Pferde meist äußerst nervös und schwierig zu handhaben sind. Viele Jungpferde sind den harten Anforderungen nicht gewachsen und brechen zusammen.

Pinto

Der Pinto ist ein auffälliges, buntscheckiges Pferd. Ursprünglich hat die Natur sich Tupfen, Flecken und Streifen im Fell zum Schutz der Tiere, zur Tarnung einfallen lassen. In freier Wildbahn erfüllt die bunte Fellfärbung auch diesen Zweck. Innerhalb der unibraunen, uni-schwarzen und uni-falben Pferde fallen die Buntschecken auf. Der Pinto ist das Produkt spanischer Pferde, die im 16. Jahrhundert nach Amerika kamen. Er ist eine reine Farbzucht. Die Schecke gibt es in zwei Grundmustern: Overo, dann tritt Weiß als Muster auf, oder Tobi-

Die sengende Hitze im Sommer, der salzige Mistral und das Meer, das weit ins Land hineinspült, ermöglichen nur eine spärliche Vegetation. Sumpfiges Schilfgras und dornige Hecken sind alles, was sich zum Fressen anbietet. Diese Heimat hat die Camargue-Pferde geprägt und ist verantwortlich für ihren unabhängigen Charakter.

ano, wenn die Grundfarbe Weiß ist und die Musterung farbig. Pintos waren schon wegen ihres Aussehens die Lieblingspferde der Indianer. Durch ihre Vollbluteinmischungen sind sie gute Allroundpferde. Sie sind kraftvoll und hart, ohne dabei ihre Anmut einzubüßen. Ihre leichten Gänge sind bequem und ausdauernd.

Mustang

Der Mustang ist ein wildes, ungebärdiges und mutiges Pferd. Sein Name bedeutet „Pferdeherde" und kommt von dem spanischen „mestena". Mustangs ziehen noch heute in wilden Herden durch Amerika. Sie sind die verwilderten Nachkommen der hervorragenden spanischen Kriegspferde, die von den spanischen Konquistadoren zur Unterwerfung der Indianer und Azteken auf Schiffen nach Amerika transportiert wurden und bei den Schlachten verlorengingen oder wegliefen. Wild und frei konnten nur die gesündesten und zähesten überleben. So hat sich im Laufe von rund drei Jahrhunderten aus den edlen spanischen Pferden ein außergewöhnlich widerstandsfähiger und genügsamer, leichter Pferdetyp entwickelt, mit guten Knochen und stahlharten Beinen und Hufen, vom Exterieur aber eher unedel und grob.

Mustang

Herkunft: USA
Farben: alle Farben
Charakter: Ungebärdig und wild, sehr mutig.

Camargue-Pferd

Die Camargue-Pferde leben in Südfrankreich im Rhonedelta, der Camargue. Man vermutet, dass es die weißen Camargue-Pferde schon sehr lange gibt, was aber nicht

Camargue-Pferd

Herkunft: Frankreich
Größe: ca. 134 cm
Farbe: Schimmel
Charakter: Temperamentvoll und mutig

bewiesen ist. Unbestreitbar aber ist ihre große Ähnlichkeit mit den Pferden auf den Höhlenzeichnungen von Lascaux aus der Zeit um 15 000 v. Chr.
Zur Zeit der maurischen Invasion mischten sich die Camargue-Pferde mit den edlen und harten Berber-Pferden. Ihr Einfluss ist zu erkennen, wenngleich die Camargue-Pferde wesentlich gröber aussehen.
Sie sind spätreif. Erst mit etwa vier Jahren sind sie ausgewachsen. Dafür werden sie aber sehr alt.
Die Stierhirten schätzen ihr Feuer und ihren Mut und ganz besonders ihre natürliche Geschmeidigkeit bei der Arbeit mit den schwarzen Stieren. Ihre bevorzugten Gänge sind Canter und Galopp. Bestechend schön ist ihr weißes Fell, das eigenwillig silbrig schimmert wie der Schaum des Meeres. Bewundernd tauften es die Gardians, die südfranzösischen Viehhirten, „weißes Pferd aus dem Meer".
Heutzutage ist die Camargue ein beliebtes Ferienziel. Dazu gehört ein Ausritt auf den Camargue-Pferden über den Strand.

Nonius

Der französische Hengst „Nonius" hat dieser Rasse seinen Namen gegeben. Der Nachkomme einer normannischen Reitstute und eines englischen Halbblutes zählte zur Kriegsbeute der Österreicher nach ihrem Sieg über Napoleon in der Schlacht bei Leipzig. Auf dem Gestüt Mezöhegyes in Ungarn wurde er Vater von 137 Stuten und 79 Hengsten. Der heutige Typ des Nonius ist mit Englischen Vollblütern veredelt und eignet sich bestens als Sportpferd. Er ist temperamentvoll, dabei aber willig und ausge-

Der Nonius ist ursprünglich eine ungarische Züchtung. Durch die Einkreuzung Englischen Vollbluts entstand ein ausgezeichnetes Sportpferd.

Nonius

Herkunft: Ungarn
Größe: 164 cm
Farbe: Brauner
Charakter: Temperamentvoll, dabei ausgeglichen und willig, freundlich und eifrig.

glichen. Ein freundliches Pferd, das mit Eifer bei der Sache ist. Es kann sowohl zum Fahren wie zum Springen und für Vielseitigkeitswettbewerbe eingesetzt werden.

Holsteiner

Der Holsteiner ist ein deutscher Warmbluttyp, aufmerksam, willig und anpassungsfähig, dabei energisch und nervenstark. Seine Vielseitigkeit macht das gut gebaute, großrahmige Allzweckpferd für den Fahr- und Reitsport begehrt. Zahlreiche Sieger bei Turnieren und olympischen Spielen sind Holsteiner.

Sein ehemals rumpfnasiges Profil ist beim heutigen Typ feiner geworden. Charakteristisch sind die ausdrucksvollen, strahlenden Augen.

Er läuft taktrein in allen Gängen. Das macht ihn als Dressurpferd sehr begehrt. Sein Schritt ist lang und frei und ganz gerade. Beim Trab greift er weit aus und galoppiert weich.

Hannoveraner

Der Hannoveraner entstammt einer Züchtung aus dem Jahre 1735 von Georg II., Kurfürst von Hannover und König von England, im Gestüt Celle. Man brauchte damals ein landwirtschaftliches Arbeitspferd. Dazu wurden die berühmten hannoverschen „Weißgeborenen" aus den Hofgestüten Memsen und Herrenhausen mit Holsteiner Hengsten gedeckt. Später kamen Halb- und Vollbluthengste aus England und Mecklenburg dazu. Aus den kraftvollen, schweren Kutschpferden entwickelten sich leichtere, bes-

Holsteiner

Herkunft: Deutschland (Holstein)
Größe: 160 - 170 cm
Farben: Überwiegend Schwarzbraune bis Hellbraune, manchmal Schimmel und Füchse
Charakter: Sehr vielseitig und willig, aufmerksam und nervenstark.
Exterieur: Ein gut gebautes großes Pferd, für alle Zwecke geeignet.

Ihre Ahnen sind die Marschpferde des 14. Jahrhunderts, schwere, mittelalterliche Kriegsrösser. Die Zumischung andalusischer, neapolitanischer und orientalischer Pferde, später auch Englischen Halb- und Vollbluts ergab den modernen Holsteiner.

sere Pferde, die sowohl im Geschirr gingen, für die Landwirtschaft taugten, als auch geritten werden konnten.
Durch die weitere Veredelung mit Trakehner- und Vollbluthengsten erzielte man nach dem Zweiten Weltkrieg das heutige elegante Reitpferd. Die Züchtung erfolgt nach strenger Selektion, um die besonderen Eigenschaften des Hannoveraners nicht zu gefährden.
Sein Charakter zeichnet sich aus durch einwandfreie Manieren, ein ausgeglichenes Temperament und Verlässlichkeit. Er ist ruhig und lernfähig. Seine Gänge bestechen durch ihre Korrektheit. Er geht energisch und schwungvoll mit extrem langen Schritten.

Trakehner

Der Trakehner entstammt dem Gestüt Trakehnen in Ostpreußen. Seine blendende Erscheinung kann spielend mit einem Vollblüter mithalten.
Er ist athletisch und doch geschmeidig gebaut. Sein Kopf spiegelt den arabischen Einfluss wider, ist edel und ausdrucksvoll. Die aufmerksamen, langen Ohren stehen immer aufrecht.
Mit diesem Pferd gelang dem Gestüt das edelste und sehr erfolgreiche Turnierpferd.
Seine Ursprünge lassen sich bis zum Tarpan zurückverfolgen. Im 13. Jahrhundert wurde das Trakehner-Gestüt gegründet. Die heimischen Schweiken, derbe, aber zähe, harte Ponys, kreuzte man mit Arabern und Engli-

Hannoveraner

Herkunft: Deutschland (Niedersachsen)
Größe: 160 - 170 cm
Farben: Alle
Charakter: Einwandfreie Manieren, zuverlässig, vielseitig und lernfähig.

Der Hannoveraner gilt als erfolgreichstes europäisches Warmblutpferd und ist auf der ganzen Welt als Dressur- und Springpferd hoch geschätzt.

schen Vollblütern. Der daraus entstandene Trakehner ist ein Warmblut mit den Vorzügen des Warm- und Vollblüters.

Süddeutsches Kaltblut

Das um 160 cm große, schwere Süddeutsche Kaltblut ist träge, gutmütig und lammfromm. Es ist eine alte Pferderasse, die dem römischen Pferd der Provinz Noricum entstammen soll. Die groben Pferde wurden im Gebirge aufgezogen. Dadurch gewannen sie eine hohe Trittsicherheit, die den Bergbauern bei ihren schwierigen Arbeiten zugute kam. Diese Fähigkeit macht das Pferd in Mittel- und Südeuropa noch heute begehrt.

Der Ardenner

In Frankreich und Belgien ist dieses mächtige, muskulöse Pferd zu Hause. Es ist nicht genau bekannt, wie weit seine Geschichte zurückreicht und mit der des Belgiers identisch ist. Ziemlich sicher dürfte es im Mittelalter als Schlachtross Verwendung gefunden haben und bei Napoleons Kriegszügen Waffen und Geschütze geschleppt und gezogen haben. Das eindrucksvolle, kraftstrotzende Tier hat durch die Mechanisierung seine ehemals große Bedeutung für die Landwirtschaft weitgehend verloren. Er wird nur noch eingesetzt, wo in unzugänglichen Gebieten keine Maschinen verwendet werden können.

Seine Turniererfolge haben ihn weltweit berühmt und begehrt gemacht. Das große Pferd mit einem Stockmaß von ca. 160 bis 165 cm ist in allen Sportdisziplinen erfolgreich. Dabei kommen ihm seine bemerkenswert harten Hufe, seine harmonischen, freien Gänge und sein Charakter zugute. Der gutartige Trakehner ist energisch, gelehrig und zuverlässig. Er wird oft zur Veredelung anderer Rassen eingesetzt.

Trakehner

Herkunft: Deutschland (Ostpreußen)
Größe: 158 - 164 cm
Farben: Alle klaren Farben
Charakter: Zuverlässig und gelehrig, gutartig, angenehm und energisch.
Exterieur: Ein edles und harmonisch gebautes Pferd.

Das Deutsch-Österreichische Kaltblut trägt einen derben, schweren Kopf mit auffallend freundlichen Augen. Der Körper ist kräftig, die Brust ziemlich breit. Die Beine zeigen gut ausgebildete Sprunggelenke und sehr gute Hufe.

Belgisches Zugpferd

Dieses gewaltige Ross soll schon in Cäsars Diensten gestanden haben. Im Gegensatz zu seiner ungeheuren Größe steht sein sanftes, fast phlegmatisches Gemüt. Der große Belgier ist heute noch als Zugpferd beliebt. Er hatte entscheidenden Einfluss auf die Kaltblutrassen in der ganzen Welt. Man züchtet ihn heute als Großen Belgier oder Brabanter, als Mittleren Belgier oder Condroz und als Kleinen Belgier oder Belgischen Ardenner.

In Belgien wird das willige Pferd noch zu leichteren Arbeiten in der Forst- und Waldwirtschaft eingesetzt. Überwiegend jedoch züchtet man es zur Erzeugung von Pferdefleisch.

Shire

Der Shire ist das größte Pferd der Welt. Er stammt aus der englischen Grafschaft Shire. Er kann durchschnittlich 173 bis 183 cm und sogar noch größer werden. Die meisten Shires sind dunkelbraun und braun, es gibt aber auch Schimmel und Rappen. Alle tragen weiße Abzeichen. Sie haben einen feinen Kopf mit Rumpfnase, freundliche Augen und eine breite Stirn. An ihren kräftigen Beinen tragen sie einen üppigen, seidigen Behang. Sie gelten als die schönsten schweren Zugpferde.

Die Shires sind unerhört stark. Sie können bis zu 5 Tonnen ziehen. Durch die Motorisierung sind ihre Dienste in der

Süddeutsches Kaltblut

Herkunft: Österreich, Deutschland (Bayern)
Größe: 160 cm
Farben: Meist Brauner und Fuchs, selten Tiger, Schimmel oder Schecken
Charakter: Fromm, gutmütig und träge
Exterieur: Derb und schwer

Belgisches Zugpferd

Herkunft: Belgien (Brabant)
Größe: 165 - 170 cm
Farbe: Meist Braunschimmel und Rappschimmel
Charakter: Kühn, aber gutartig, einsatzwillig und energisch
Exterieur: Ein gewaltiges, kompaktes Pferd

Der kompakte Ardenner ist ein lammfrommes, williges Pferd. Typisch ist sein üppiger Kötenbehang. Der Schweif ist in aller Regel kupiert.

Das Belgische Zugpferd ist auch unter dem Namen Brabant bekannt. Es zählt zu einer der ältesten bekannten Kaltblut-Pferderassen. Die meisten Fellfarben sind Braun-, Rapp- und Rotschimmel sowie Füchse.

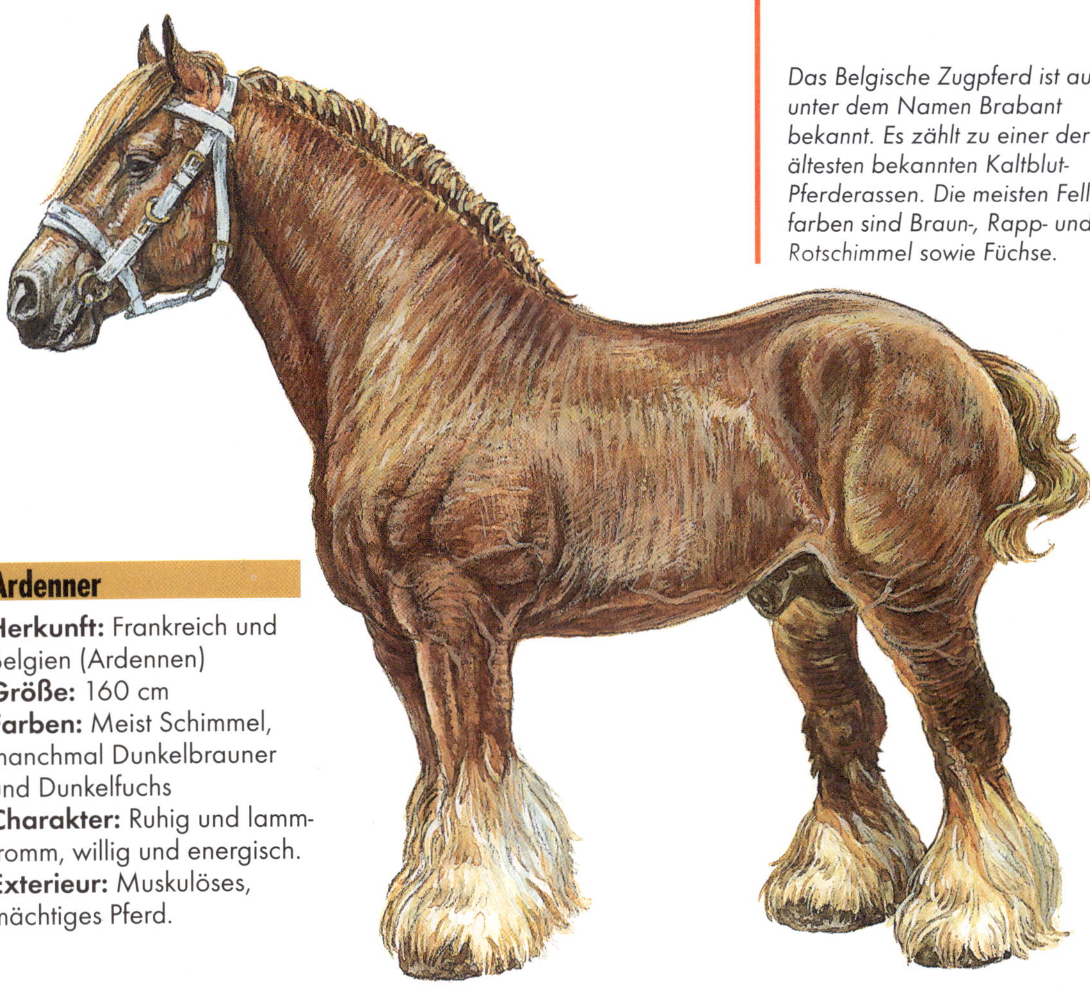

Ardenner

Herkunft: Frankreich und Belgien (Ardennen)
Größe: 160 cm
Farben: Meist Schimmel, manchmal Dunkelbrauner und Dunkelfuchs
Charakter: Ruhig und lammfromm, willig und energisch.
Exterieur: Muskulöses, mächtiges Pferd.

Der Shire ist der Nachfahre des mittelalterlichen Schlachtrosses. Im 16. und 17. Jahrhundert wurde er mit schweren holländischen Pferden gekreuzt. Die Veredelung mit den warmblütigen Friesen machte ihn beweglicher. Seine ungeheure Größe soll der Einzüchtung von Englischen Vollblütern zu verdanken sein.

Shire

Herkunft: England (Shire)
Größe: kann über 185 cm werden
Farben: Überwiegend Dunkelbraune und Braune, immer mit weißen Abzeichen
Charakter: Äußerst gutartig und lammfromm, fleißig und ausdauernd
Exterieur: Mächtiges Gebäude mit feinem Kopf und Ramsnase.

Landwirtschaft und der Industrie allerdings kaum mehr gefragt. Als Brauereipferde werden sie aber immer noch gern zu Schauzwecken verwendet. Bei ihrem Anblick und dem donnernden Dröhnen ihrer Hufe kann man sich gut die Furcht der Völker im Mittelalter vorstellen, wenn schwerbewaffnete Ritter aufs Schlachtfeld zogen. Dabei sind die Shires äußerst gutartig und fromm.

Esel

Der Esel ist als Reit- und Tragetier noch heute im Mittelmeerraum weit verbreitet. Er ist eine Zuchtform des Wildesels, der nahezu ausgestorben ist. Wildesel leben in Nord- und Ostafrika, in Äthiopien und Somalia. Asiatische Wildesel sind etwas gelblicher und haben kürzere Ohren. Sie ähneln in ihrem Äußeren mehr den Wildpferden als den Eseln. Deshalb nennt man sie auch Halbesel oder Pferdeesel. Ein enger Verwandter des Esels ist der hellfarbige Onager, der in Südwestasien zu Hause ist.

Der Esel ist äußerst zäh und genügsam, allerdings nicht leicht zu führen. Der Ruf „störrischer Esel" eilt ihm weit voraus.

Rund ums Mittelmeer sind Maulesel und Maultiere geschätzte Arbeitstiere. Sie sind williger und kräftiger als ihre Esel-Verwandten, dabei aber ähnlich genügsam, so dass sie von der kargen Vegetation gut satt werden.

Maultier

Das Maultier und der Maulesel sind gezüchtete Rassen. Das Maultier entsteht aus der Kreuzung von Eselhengst und Pferdestute. Der Maulesel hat eine Eselmutter und einen Pferdevater. Maulesel und Maultier können sich nicht weiter fortpflanzen.

Zebra

Das Zebra ist ein Nachfahre des Equus, der sich im eurasischen und afrikanischen Raum entwickelte. Man unterscheidet Steppenzebra und Bergzebra.
Die weit verbreiteten Steppenzebras und ihre Unterarten leben in freien Herden in den Busch- und Grassavannen Afrikas südlich der Sahara. Man nennt sie auch pferdeförmige Zebras. Bei den Unterarten ist die Fellzeichnung in ihrer Anordnung und Farbigkeit unterschiedlich. Am bekanntesten sind das Chapman-Zebra, das Bähm-Zebra und das Grant-Zebra.
Die kräftigeren Bergzebras mit dem Beinamen Berg- oder eselförmige Zebras sind wesentlich seltener. Sie wurden jahrhundertelang gejagt und fast ausgerottet. Heute stehen sie unter Naturschutz und leben im Gebirge im Süden und Südwesten Afrikas.

Zebras ernähren sich von Blättern, Zweigen und Gras. Das Zebra zu zähmen oder gar zu satteln ist nie gelungen. Es blieb störrisch und widerspenstig und lebt frei in Herden.

Die Anatomie des Pferdes

Biologisch ist das Pferd ein Säugetier, ein Einhufer, ein Zehengänger, ein Vierbeiner, Pflanzenfresser, Herdentier... All dies schlägt sich in seiner Anatomie nieder.
Der Körperbau des Pferdes und seine Eigenschaft des Zehengehens sind eigentlich nicht zum schnellen Laufen geeignet. Schon gar nicht, einen Reiter zu tragen und schwere Lasten zu ziehen. Es ist dem willigen Wesen des Pferdes zu verdanken, dass es sich trotz seiner überlegenen Körperkraft und Schnelligkeit den Wünschen des Menschen unterordnet und ihm treu dient.
Die Wirbelsäule des Pferdes ist steif. Das erleichtert das Tragen seines schweren Körpers, schränkt aber seine Beweglichkeit ein. Katzen, die dagegen über eine bewegliche Wirbelsäule verfügen, können deshalb beim Laufen

Beschreibt man die äußere Erscheinung eines Pferdes, spricht man vom Exterieur. Den Körperbau bezeichnet man als Gebäude.
Ein gutgebautes Pferd erkennt man an der Ausgewogenheit seiner Proportionen. Die Rasse spielt dabei keine Rolle. Ein Vollblutpferd erfüllt andere Anforderungen als ein Kaltblüter und sieht deshalb anders aus.
Ein Pferd steht im Gleichgewicht, wenn Kruppe und Widerrist gleich hoch sind. Ein gutgebautes, gesundes Pferd bewegt sich mühelos.

Stockmaß

Die Größe eines Pferdes gibt man im Stock- oder Bandmaß an. Es gibt die Höhe vom Widerrist zum Boden bei einem unbeschlagenen Pferd an. Stockmaß heißt es nach dem Messstock mit höhenverstellbarem Querstab. Er wird seitlich über den Widerrist gelegt, der Längsstock misst die Höhe. Dasselbe mit dem Band gemessen ergibt das Bandmaß. Es liegt rund 10 cm über dem Stockmaß, weil das Band die Körperrundungen mitmisst. Diese Messart wird heutzutage kaum mehr durchgeführt.
Alle Pferde unter 148 cm gelten im Allgemeinen noch als Ponys.

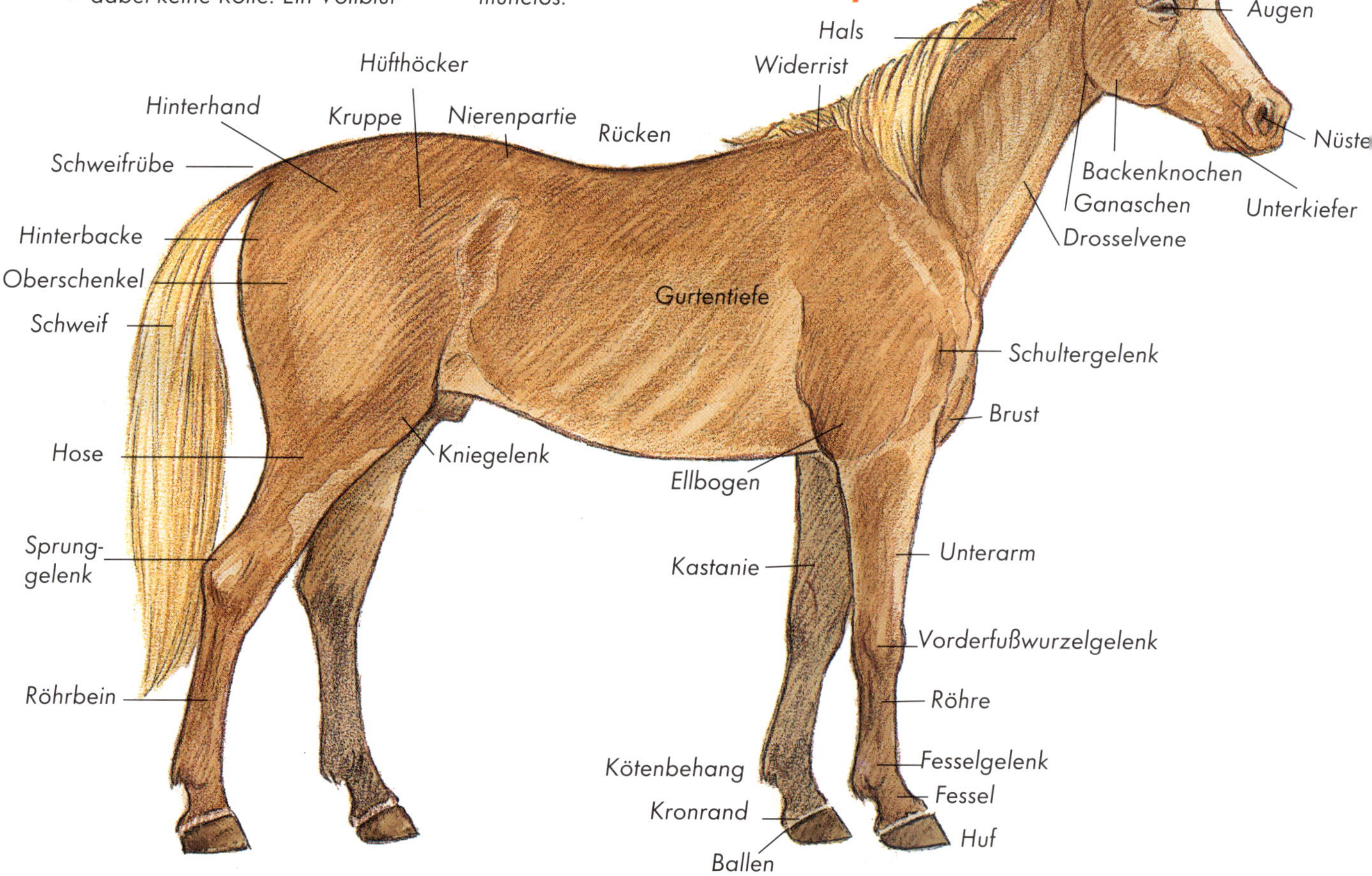

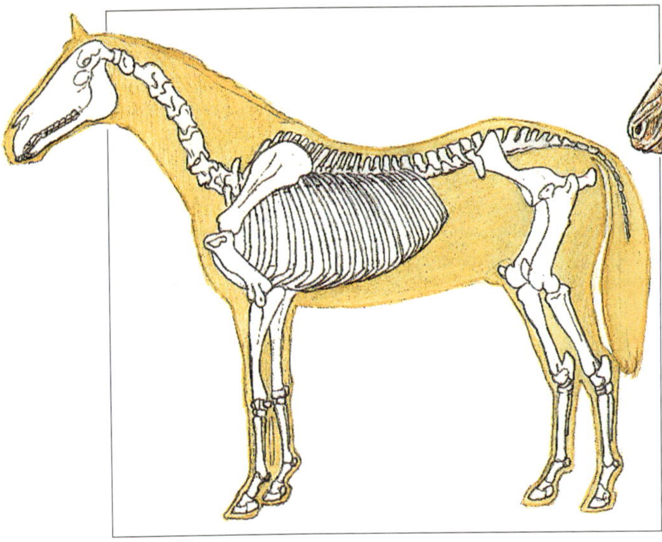

Über 200 Knochen bilden das Skelett des Pferdes. Die Knochenenden der Gelenke sind an ihren Enden durch extra harte, dichte Zellen geschützt und mit einer stoßdämpfenden Knorpelschicht ummantelt.

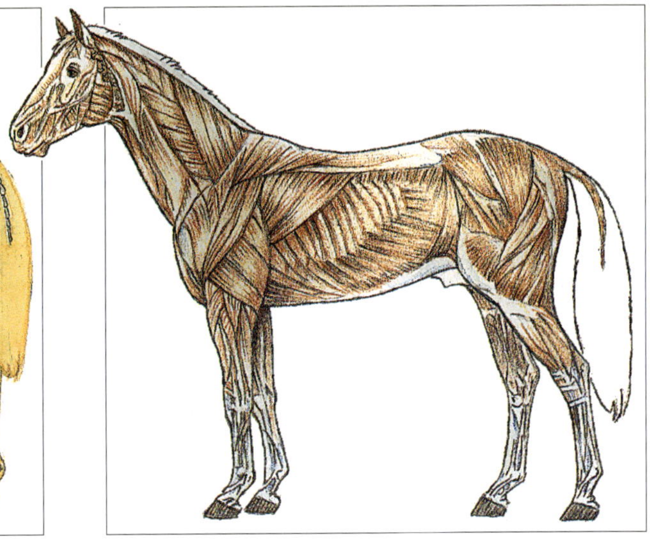

Die Muskeln helfen dem Pferd, das Körpergewicht zu tragen und sich zu bewegen. Im Hinterhandmuskel liegt die Kraft für Schnelligkeit und Springvermögen. Das Herz pumpt beim ruhenden Pferd 40 mal pro Minute, im scharfen Galopp über 200 mal.

den ganzen Körper einsetzen. Deshalb erzielen sie eine wesentlich höhere Geschwindigkeit. So schafft ein Pferd im Galopp nicht mehr als 60 km/h, ein Gepard auf der Jagd dagegen runde 115 km/h.

In freier Wildbahn galoppiert das Pferd nur kurze Strecken auf der Flucht vor Feinden. Und es überspringt Hindernisse nur, wenn sich kein anderer Ausweg anbietet. Die Geschwindigkeit holt es praktisch ausschließlich aus der Hinterhand. Die Kraft dafür verleihen ihm die starken, ineinander greifenden Beinknochen der Hinterbeine und die Hinterhandmuskulatur.

Die Vorderbeine müssen den Aufprall bei jedem Schritt und Sprung abfedern. Um die Wucht des Gewichts abzufedern, sitzen die Beine ohne Schlüsselbein mit Muskeln und Sehnen direkt am Rumpf fest. Diese Konstruktion wirkt wie ein Stoßdämpfer. Sie federt einen Großteil der Erschütterungen beim Laufen ab.

Zwischen Brustkorb und Becken wird das Gewebe ausschließlich von Wirbeln gehalten. Deshalb ist diese Körperpartie des Pferdes nicht belastbar.

Pferde sieht man nur selten liegen. Sie können auch im Stehen schlafen, wenn sie ihr Kniegelenk „feststellen". Dadurch bleiben die Muskeln unbeansprucht und können ausruhen. Wahrscheinlich stammt diese Fähigkeit noch aus jenen Tagen, als sie ständig fluchtbereit vor Feinden sein mussten. Da war keine Zeit, sich erst umständlich aus einer gemütlichen Liegeposition hochzurappeln. Allerdings fällt das Pferd in stehender Position niemals in den Tiefschlaf. Dazu legt es sich dann doch nieder und gibt sich seinen Träumen hin.

Die wichtigsten Körperteile

Die wichtigsten Körperteile sind die Gliedmaßen und die Hufe. Eine muskulöse Hinterhand verheißt Vitalität.
Das Hinterbein beginnt sichtbar erst mit dem Knie, das Vorderbein mit dem Ellbogen. Das Knie ist mit einer beweglichen Kniescheibe ausgerüstet. Knie und Sprunggelenk bewegen sich synchron, weil sie von denselben Bändern und Muskeln gelenkt werden. Unterhalb des Knies folgt der Unterschenkel, auch Hose genannt. Er mündet in das Sprunggelenk.
Daran schließen die Röhrbeine an, das Fesselgelenk und der Huf - dem menschlichen Fuß bzw. der Hand entsprechend, mit zahlreichen Knochen und Knorpeln.
Gesunde Hufe sind aus glattem, festem Horn. Dadurch ist die darunter liegende, empfindliche Huflederhaut gut geschützt. Sie sind breit und nach hinten offen, damit Schmutz herausfallen kann. Der Strahl im gesunden Huf ist gut sichtbar.

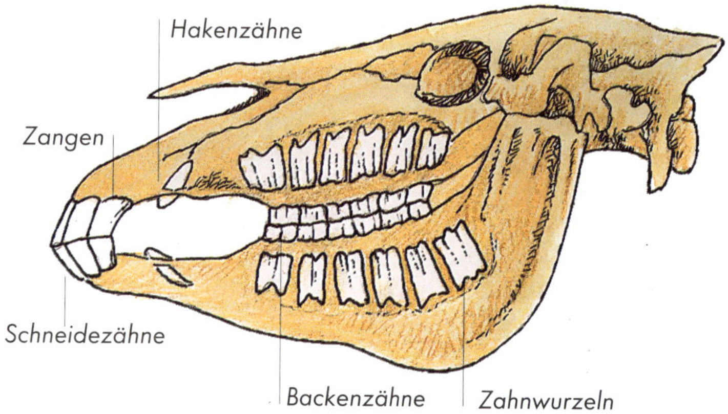

Das Schädelskelett eines ausgewachsenen Pferdes mit 12 Schneidezähnen, 24 Backenzähnen und vier Hakenzähnen, die allerdings fast ausschließlich bei Hengsten und Wallachen zu finden sind.

Die Zähne

Fohlen kommen zahnlos zur Welt wie Menschenbabys. Nach etwa 10 Tagen brechen die mittleren Schneidezähne durch. Innerhalb von neun Monaten wachsen im Ober- und Unterkiefer je sechs Milchschneidezähne. Die beiden inneren heißen Zangen, die beiden äußeren Eckzähne. Im Alter zwischen zweieinhalb und vier Jahren werden die Milchzähne durch die bleibenden Zähne ersetzt. Sie sind wesentlich größer und gelber.
Ein erwachsenes Pferd verfügt über 36 Zähne, 12 Schneidezähne und 24 Backenzähne. Hengste besitzen sogar zusätzlich vier Hakenzähne.
Gegen eine zu rasche Abnutzung der Zähne durch das ständige Abschneiden und Zermahlen von Gras schützt ein

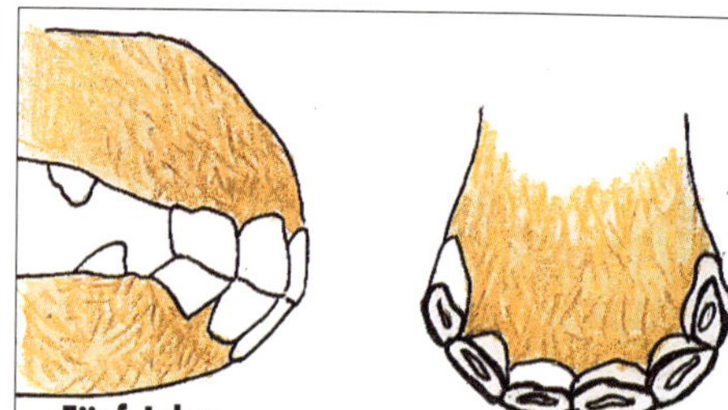

Fünf Jahre
Milchzähne sind durch das bleibende Gebiss ersetzt

Die Kunden sind oval.

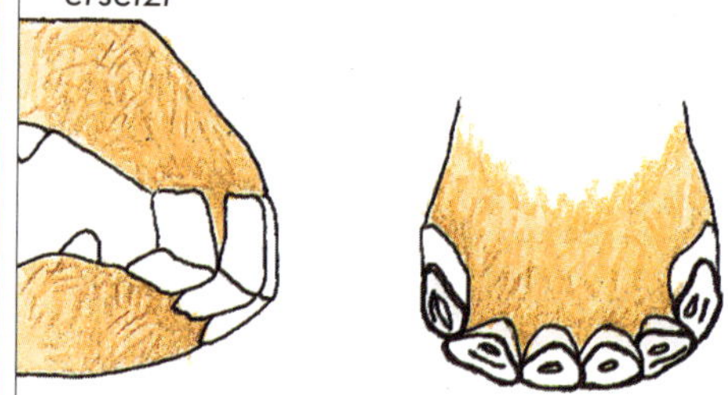

Zwölf Jahre
Die Zangen sind dreieckiger geworden.

Die Kunden sind auf allen Kauflächen sternförmig.

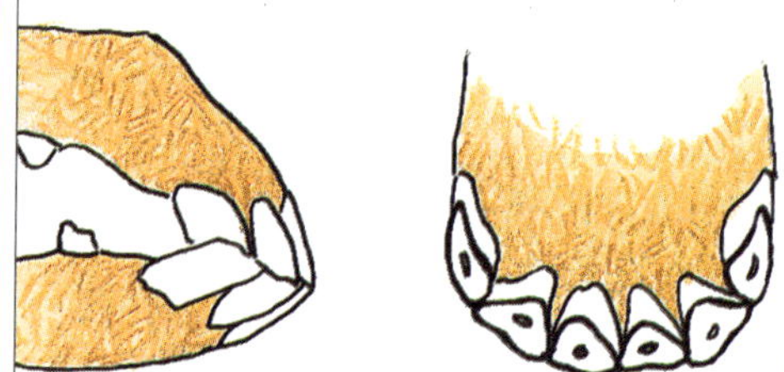

Altes Pferd
Die Schneidezähne stehen in spitzem Winkel aufeinander.

Die Kauflächen sind dreieckig. Die Galvaynische Rinne zieht sich durch den ganzen Zahn.

Anhand der Beschaffenheit der Zähne kann das Alter eines Pferdes bis zu einem Alter von 8 Jahren ziemlich genau bestimmt werden. Ein fünfjähriges Pferd hat keine Milchzähne mehr. Das bleibende Gebiss ist voll ausgebildet. Im Laufe der Jahre weisen die Kauflächen der Schneidezähne deutliche Kundenspuren auf. Je älter das Pferd ist, desto spitzwinkeliger stehen die Zähne aufeinander. Die Galvaynische Rinne ist deutlich ausgeprägt.

harter Zahnschmelz und der darüber liegende, noch härtere Zahnzement. Außerdem wachsen Pferdezähne immer weiter und gleichen so eine zu rasche Abnutzung aus.
Der Umriss der Kauflächen ist bei jungen Pferden oval und wird im Laufe der ersten acht Jahre rundlich. Im Alter erscheint die Kaufläche dreieckig. Das Loch auf der Kaufläche, Kunde genannt, weicht im Laufe der Jahre sogenannten Zahnsternchen. Die Schneidezähne eines achtjährigen Pferdes stehen statt senkrecht aufeinander nun schräg. Je älter das Pferd wird, desto mehr Zähne weisen die Zahnsternchen auf und die Zangen werden dreieckiger. Ab 10 Jahren zeigt sich am Rand des oberen Eckzahnes bereits eine dunkle Furche, die Galvaynische Rinne.

Unverwechselbare Kennzeichen

Die vier Kastanien an den Innenseiten der Beine des Pferdes sind individuelle Kennzeichen, anhand derer ein Pferd „identifiziert“ werden kann wie der Mensch anhand seiner Fingerabdrücke. Diese hornigen Stellen sind die Überreste einer ehemaligen Zehe.
Bei einem wertvollen Pferd werden die Kastanien fotografiert, um es wieder zu erkennen, falls es gestohlen wird.

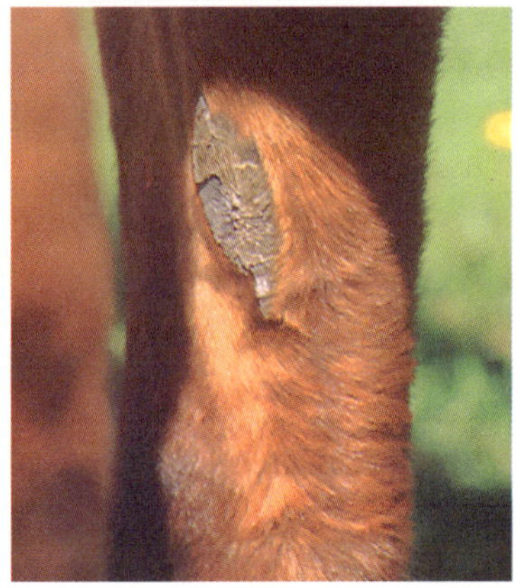

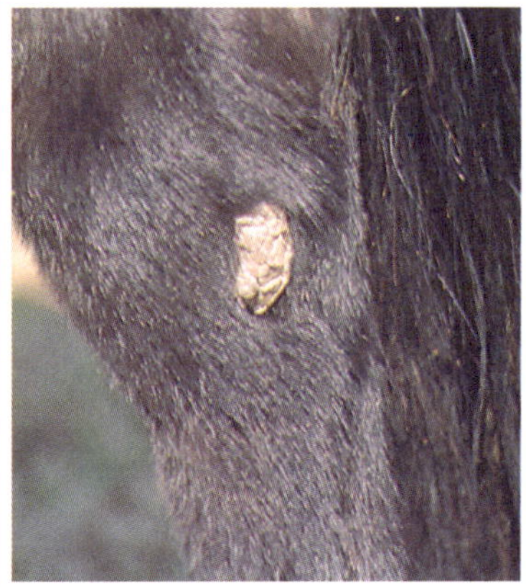

Diese sogenannten „Kastanien“(Abb. rechts) finden sich an jedem Pferdebein auf der Innenseite. Jede einzelne sieht anders aus.

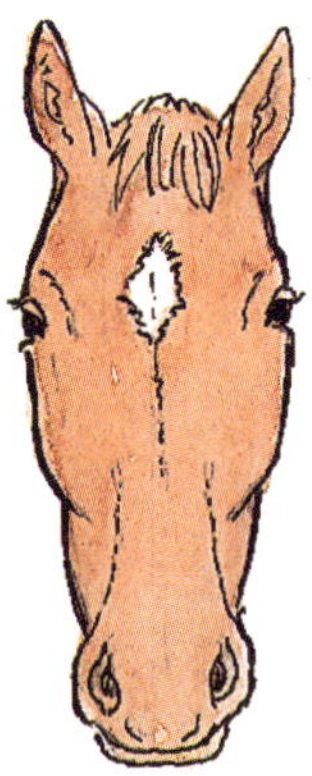

Blume

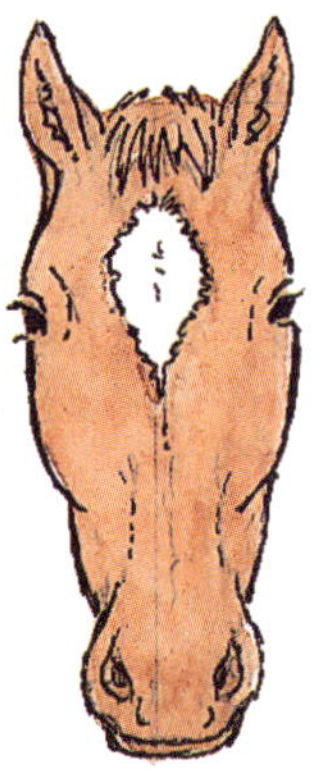

Keilstern

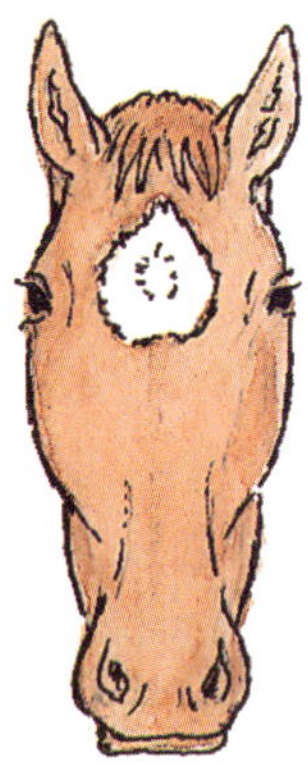

Stern

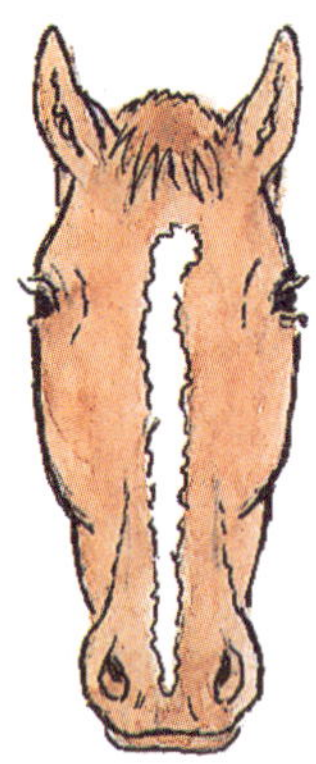

Blesse oder Strich

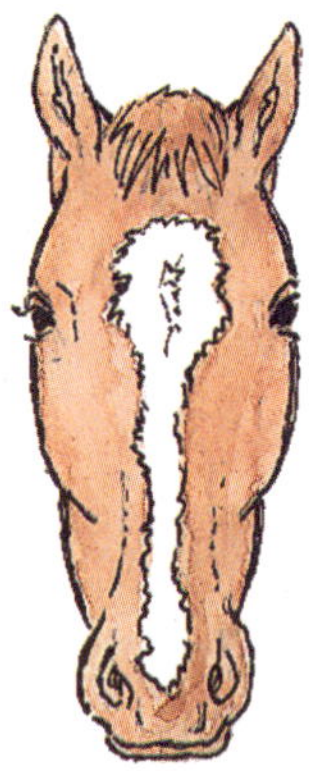

Blesse mit Stern

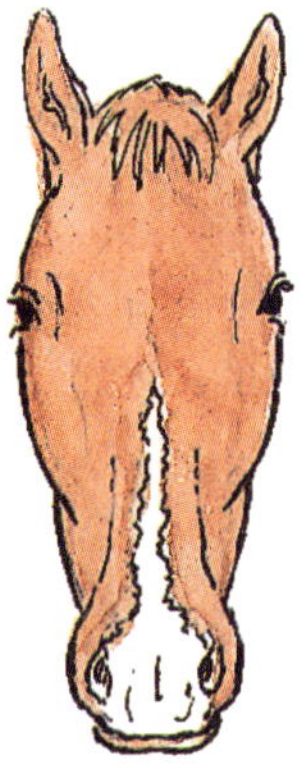

Schnippe

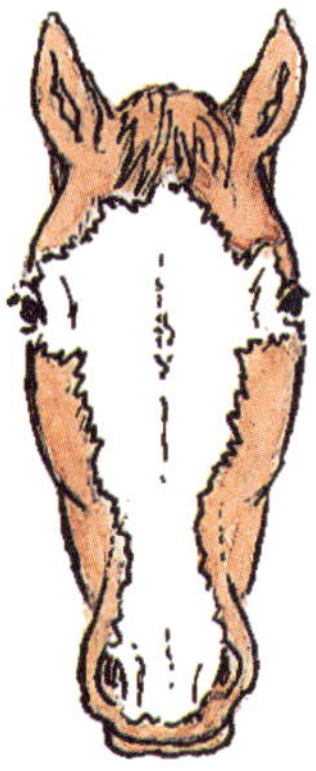

Laterne

Abzeichen

Abzeichen finden sich im Gesicht und an den Beinen. In seltenen Fällen können sie auch an den Flanken oder am Bauch zu finden sein. Sie sind wichtige, charakteristische Merkmale. Viele Pferde wurden schon nach ihren natürlichen Abzeichen benannt.

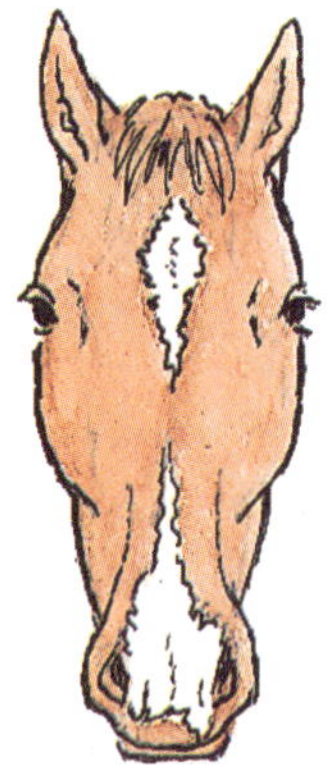

unterbrochene Blesse

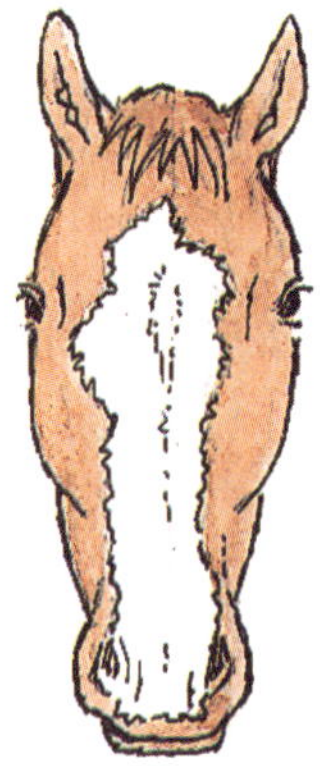

Breite Blesse

Fellfarben

39 Gene in zahlreichen Variationen bestimmen die Eigenschaften und das Aussehen. Weiß, Schwarz, Braun und Fuchsfarben setzen sich gegen andere Fellfarben meistens durch. Paaren sich z.B. ein braunes Pferd und ein Schimmel, kommt ein weißes Fohlen zur Welt. Ein echter Fuchs entsteht nur, wenn beide Eltern echte Füchse sind. Der sogenannte Aalstrich, ein dunkler Streifen, der von der Mähne bis zum Schwanzansatz reicht, findet sich überwiegend auf fahlen oder grauen Fellen. Er ist ein Zeichen der Primitivrassen.

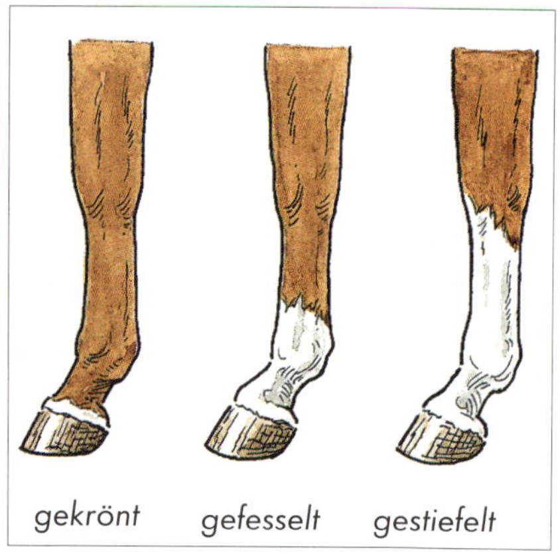

Die Abzeichen im Gesicht und an den Beinen (Bild oben) sind – wie die Fellfarben (Abbildungen unten) – genabhängig. Ziemlich willkürlich setzen sie sich gegen andere Farben durch.

Die Sinnesorgane

Gut ausgebildete Sinnesorgane melden dem Pferd frühzeitig Gefahren. Sie können sehr weiträumig sehen durch die besondere Stellung ihrer Augen. Sie liegen seitlich am Kopf und stehen leicht hervor. So sehen sie alles, was weit vorne liegt, ebenso was seitlich liegt. Den Raum direkt vor ihrer Nase sehen sie nicht.

Auch das Gehör ist gut ausgebildet. Pferde können Töne wahrnehmen, die der Mensch gar nicht hört, und genau orten, woher sie stammen. 16 Muskeln pro Ohr bewegen jedes einzelne ständig in alle Richtungen, um rechtzeitig vor einer drohenden Gefahr flüchten zu können.

Und Pferde können ausgezeichnet riechen und schmecken. Die Nase sagt ihnen, ob sie etwas oder jemanden kennen oder nicht. Pferde können über weite Entfernungen riechen. Sie riechen Wasserstellen schon von weitem. Und

Isabelle

Braunschimmel

Palomina

Schimmel

Dunkelbraun-Schimmel

Falbe

Links: Dieser Araber ist offensichtlich aufgeschreckt. Die Ohren, gespannt nach vorne gespitzt, galoppiert er wild davon.

Das Pferd sieht weit nach vorne und gleichzeitig seitlich. Vor die Nase jedoch kann es nicht sehen. Will es etwas erkunden, riecht es daran und betastet es mit dem Maul. Häufig sieht man ein Pferd einen Schritt zurückgehen, um etwa einen Gegenstand vor ihm betrachten zu können.

ein Hengst riecht eine rossige Stute über mehr als 600 Meter. Der ausgeprägte Geschmackssinn schützt sie vor unbekömmlichem Futter oder schlechtem Wasser.
Außerdem besitzen sie einen ausgeprägten Orientierungssinn. Es gibt zahlreiche Erzählungen über Pferde, die ihr Ziel mutterseelenallein über viele, viele Kilometer anstrebten und erreichten. Auch ihr Gedächtnis ist bemerkenswert. Sie erinnern sich an Stimmen, Gerüche und Erlebnisse über viele Jahre. So kann es vorkommen, dass ein Pferd, das man jahrelang nicht gesehen hat, freudig wiehernd auf einen zugelaufen kommt, lange bevor man es selbst wieder erkannt hat.

Fuchs

Fuchsschecke

Schwarz-braun gescheckt

Hellbrauner

Brauner

Rappe

Schritt

Gangarten und Fußfolge

Schritt, Trab und Galopp sind die drei Grundgangarten eines jeden Pferdes. Manche Rassen haben noch andere Spezialgangarten genetisch mitbekommen, Pass- und Töltgang. Diese Pferde, „Gangpferde“, erfreuen sich wachsender Beliebtheit.
Das Islandpferd ist eines von ihnen; von den amerikanischen sind am bekanntesten: der Tennessee Walker, der Foxtrotter, der Standardbred, Paso und der Saddlebred.
Abgesehen vom Traber, der speziell für den Trab gezüchtet wurde, bevorzugen Pferde Schritt und Galopp. Der Trab strengt mehr an. Im Straßenverkehr ist der Trab jedoch die schnellste zulässige Gangart. Der Galopp ist hier zu gefährlich und der Asphalt zu hart für die Gelenke.
Ob ein Pferd gut läuft, ist besser zu hören als zu sehen. Ein gesundes Pferd läuft einen exakten Takt. Ein leichtes Lahmen kann auf hartem Boden, der jeden Hufschlag wiedergibt, am besten kontrolliert werden. Starkes Lahmen sieht man auch an der Kopfhaltung: Das Pferd zieht bei jedem Auftritt mit dem lahmenden Bein den Kopf nach unten.

Der Schritt

Das Pferd kann aus jeder Haltung in jede Bewegungsart wechseln. Es kann auch mit jedem beliebigen Bein die Bewegung beginnen. Steht das Pferd im Gleichgewicht, läuft es normalerweise mit einem Hinterbein an. Beginnt das Pferd zum Beispiel mit dem linken Hinterbein, so läuft es: 1. linker Hinterfuß, 2. linker Vorderfuß, 3. rechter Hinterfuß, 4. rechter Vorderfuß.
Mit jedem Fuß muss das Pferd gleich weit vortreten, so dass es mit den Hinterfüßen in die Spuren der Vorderfüße tritt.

Trab

Das Abfußen erfolgt exakt gleich, man hört vier Hufschläge im gleichen Abstand, im Viertakt.

Der Trab

Zum Traben verlagert das Pferd sein Gewicht und ändert den Takt. Der Trab ist ein Zweitakt, man hört jetzt zwei Schläge. Hierbei fußt es jeweils gleichzeitig ein diagonales Beinpaar auf, z.B. linkes Hinterbein und rechtes Vorderbein. Man hört einen Hufschlag, dem eine Schwebephase folgt, bevor das andere diagonale Beinpaar aufsetzt. Der zweite Hufschlag ertönt.

Beim Trab treten die Hinterfüße knapp hinter den Abdrücken der Vorderfüße auf. Es entstehen keine Seitwärtsbewegungen und das Pferd trägt den Köpf höher und ruhiger als beim Schritt.

Dieses Pferd läuft im Trab. Es verrät Aufmerksamkeit durch die gespitzten Ohren und den leicht angehobenen Schweif. Offensichtlich ist es neugierig.

Galopp

Der Galopp oder Arbeitsgalopp

Die schnellste und komplizierteste Bewegung ist der Galopp-Dreitakt. Die meisten Pferde springen von sich aus im Linksgalopp an, außer der Reiter entscheidet anders. Dann ist die Fußfolge: 1. Rechter Hinterfuß, 2. Linker Hinterfuß und rechter Vorderfuß, 3. Linker Vorderfuß, 4. Schwebephase.
Man sieht jeweils ein diagonales Beinpaar gleichzeitig vorschwingen, und zwar eines ein wenig mehr als das andere. Daran unterscheidet man Links- und Rechtsgalopp.
Auf einem Zirkel linksherum führt das Pferd mit dem inneren Bein, dem rechten. Beim Rechtszirkel mit dem äußeren Bein, dem linken. Kommt es beim Angaloppieren aus dem Gleichgewicht oder bekommt falsche Hilfen vom Reiter – führt es mit dem „falschen“ Bein, läuft es im Kreuzgalopp, Außen- oder Kontergalopp. Hierbei bewegen sich die Vorder- oder Hinterbeine gleichzeitig, zum Beispiel: 1. hinten links, 2. hinten rechts und vorn rechts, 3. vorn links.
Das sieht hässlich aus und schüttelt Pferd und Reiter kräftig durch. Dieser Galopp wird jedoch in den höheren Dressurdisziplinen verlangt.

Der Renngalopp

Er ist eine Erweiterung des Arbeitsgalopps im Drei- oder Viertakt, je nach Geschwindigkeit. In der klassischen Dressur gilt der Vierschlag als Fehler.
Beim Renngalopp schwingen alle vier Beine gestreckt nach vorne. Das Pferd läuft sehr schnell und ruhig. Diese Gangart wird nur bei Rennen oder Sportturnieren angeschlagen. Sie erfordert einen erfahrenen Reiter.

Renngalopp

Variationen der Gangarten

Schritt und Trab sind in der modernen Dressur nochmals unterteilt in Untergangarten je nach Arbeitstempo: versammelter Schritt, Mittelschritt und freier Schritt.

Beim Arbeitstempo geht das Pferd zügig voran. Die Hinterbeine treten knapp vor die Spur der Vorderbeine.

Beim versammelten Schritt ist die Schrittlänge kürzer und höher. Die Hinterbeine treten über die Spuren der Vorderbeine.

Zum Mittelschritt holt das Pferd weiter aus. Die Hinterbeine fußen weit vor der Spur der Vorderbeine. Das Pferd bewegt sich im Viertakt.

Beim freien Schritt geht das Pferd am langen Zügel im klaren Viertakt.

Auch beim Trab und beim Galopp gibt es variierende Arbeitstempi: versammelter Trab, Arbeitstrab und Mitteltrab.

Das Pferd läuft im schnellen Galopp. Ohne Reiter galoppiert es nur auf der Flucht. Allerdings sieht man Pferde auf der Weide auch häufiger mal galoppieren. Sie trainieren sich, um jederzeit gerüstet zu sein.

Zureiten und arbeiten mit dem Pferd

Die Mongolen fangen sich ihre Pferde noch heute aus frei lebenden Herden und reiten sie an Ort und Stelle zu. Eine jahrtausendelange Erfahrung und ein Alltag im Sattel praktisch von Geburt an macht ihnen dies möglich.

Heute weiß man viel über die sensible Psyche eines Pferdes und ist bereit, liebevoll und mit Verständnis darauf einzugehen und das Vertrauen des Pferdes zu gewinnen. Das Pferd dankt es als williger und zuverlässiger Partner.

Von Natur aus ist das Pferd scheu und überaus ängstlich. Es geht Konfrontationen aus dem Weg und ist stets fluchtbereit. Geduld und Einfühlungsvermögen sind vonnöten, um sein Vertrauen zu gewinnen und es zu erziehen.

Ein Fohlen sollte schon in den ersten Stunden und Tagen an den Menschen gewöhnt werden. Der Besitzer muss sich ihm immer wieder nähern, ruhig und leise mit ihm sprechen, es streicheln und nach und nach immer wieder fest umarmen. Nur so lernt es, dass ihm durch den Menschen nichts Böses geschehen kann. Ebenfalls in den ersten Tagen legt man ihm immer wieder ein Halfter aus weichen Riemen an.

Ist das Fohlen älter, wird es täglich am Fohlen-Halfter geführt. Die eigentliche Arbeit beginnt bei den meisten Pferden mit dem Einreiten. Es sollte nur von den besten Ausbildern vorgenommen werden. Schlechte Erfahrungen

Am bekanntesten sind die Bilder von rauen Cowboys, die sich so lange abwerfen lassen, bis das Pferd erschöpft seinen Widerstand aufgibt (oben). Der Wille des Pferdes wird gebrochen. Fortan ist es seinem Reiter untertan. Es ist eine brutale Methode, die bei uns kaum mehr Anhänger findet.

verderben ein Pferd unter Umständen für immer. Der Ausbilder muss dem jungen Pferd vermitteln können, dass er die Führung übernimmt, die in der Natur der kraftvolle und überlegene Hengst hat.
Das junge Pferd erwartet vom Menschen Schutz und Entscheidung. Ungeduld, Anschreien, an ihm zerren oder es gar schlagen verschrecken das Pferd für lange Zeit, denn es hat ein sehr gutes Gedächtnis.
Nachdem das Fohlen zu seinem Ausbilder Vertrauen gefasst hat, lernt es, kleine Aufgaben zu erfüllen: die Füße zu heben, wenn es dort angetippt wird, die Hinterhand nach rechts oder links zu bewegen. Sie wird dazu mit der Gerte angetippt. Niemals aber darf es mit der Gerte bestraft werden und sie deshalb fürchten.
Hat das Tier gelernt, dass es die Aufgaben des Ausbilders schadlos erfüllen kann, lernt es, sich am Halfter führen zu lassen. Es lernt Schritt um Schritt befohlene Gangarten zu laufen, die Richtung zu halten und zu wechseln. Diese täglichen Arbeiten dauern jeweils rund 10 bis 15 Minuten.

Longieren

Seine nächste Aufgabe ist es, an der Longe zu gehen. Dazu muss sich das junge Pferd an den Kappzaum und an den Longiergurt um den Bauch gewöhnen. Der Gurt um den Bauch dient dazu, das Pferd auf Sattel und Reiter vorzubereiten. Er wird anfänglich mit einem Vorderzeug gehalten. Die Longe wird am mittleren Ring des Kappzaums befestigt. Ein Helfer führt das Pferd bei straffer Longe um den Ausbilder, der es mit Stimme und Longierpeitsche dirigiert. Jetzt muss das Pferd zeigen, was es gelernt hat, und auf die stimmlichen Befehle und die der Peitsche richtig reagieren.

An der Longe lernt das Pferd Schritt für Schritt die Befehle des Menschen kennen und sie gewissenhaft zu befolgen. Anfänglich wird das Pferd von einem Helfer geführt, damit es lernt, die Longierleine straff zu halten.

Gebiss

Das Pferd muss lernen, mit einem Gebiss normal Speichel zu produzieren und zu schlucken. Dazu bekommt es das Gebiss täglich kurze Zeit ins Maul, so lange, bis es das Metall willig annimmt. Die Trense bleibt bei diesen Übungen unter dem Kappzaum.

Satteln

Das Pferd vom Sinn des Sattels zu überzeugen, ist ein hartes Stück Arbeit. Denn instinktiv weiß es, dass alles auf seinem Rücken Befindliche nur feindlich sein kann. Es wird sich heftig dagegen zur Wehr setzen und versuchen ihn abzuschütteln und zu fliehen. Deshalb lässt man es den Sattel erst ausgiebig beschnuppern. Erst wenn es sich mit ihm angefreundet hat, wird es gesattelt. Dies geschieht am besten in der Box, wo es keine Fluchtmöglichkeit und wenig Bewegungsspielraum hat. Ist der Sattel auf dem Pferderücken, wird das Tier ausgiebig gelobt. Diese Prozedur muss täglich wiederholt werden, bis das Pferd sich daran gewöhnt hat. Erst dann werden die Steigbügel befestigt.

Longierzaum und Halfter sind aus weichem Leder. Es ist mit verschiedenen Metallringen versehen, um die Longierleine zu befestigen, je nachdem, wie das Pferd geführt werden soll.

Aufsitzen

Noch mal braucht es Zeit und Geduld, bis ein Reiter problemlos auf- und absitzen kann. Wieder wird die Handlung in viele einzelne Schritte unterteilt. Ausbilder und zwei Helfer, die dem Pferd vertraut sein müssen, führen das Pferd an die neue Aufgabe heran. Zuerst gewöhnt sich das Pferd nur an die Hand des Reiters, die er immer wieder auf den Sattel legt. Als zweites legt er seinen Oberkörper auf den Sattel, wobei der zweite Helfer ihn hochhebt. Erst wenn auch bei dieser Übung kein Widerstand mehr erfolgt, schwingt der Reiter sich zum Sitzen auf. Unter dem Sattel lernt das Pferd nun, frei im Takt vorwärts zu gehen, den Kopf ruhig zu halten, Gleichgewicht in allen Gängen zu halten, die Hilfen des Reiters zu verstehen und zu befolgen.
Lehrt man ein Pferd vor dem Wagen zu gehen, ist die Lernprozedur dieselbe, aber mit Fahrgeschirr.

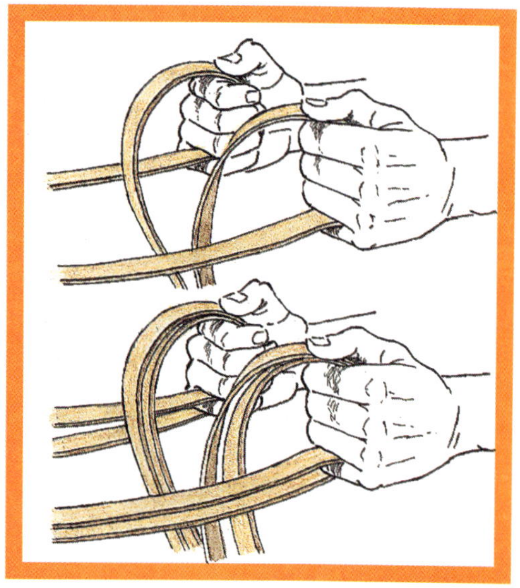

Die Zügelführung erfordert Gefühl, denn das Pferdemaul ist weich und empfindlich. Richtigerweise laufen sie beim Trensenzügel in beiden Händen zwischen Klein- und Ringfinger auf den Reiter zu und zwischen Zeigefinger und Daumen aus.
Bei der Kandare werden die beiden Zügel durch den kleinen Finger voneinander ferngehalten. Der Trensenzügel liegt dabei außen.

Linke Hand an den Vorderzwiesel des Sattels, die rechte hält den Steigbügel für den linken Fuß.

Rechte Hand auf den Sattel und mit Schwung hoch.

Das rechte Bein schwingt über den Pferderücken.

Zum Absitzen nimmt man beide Füße aus den Steigbügeln.

Die Hände halten sich am Vorderzwiesel, während das rechte Bein über den Pferderücken schwingt.

Die Hände, die die Zügel halten, bleiben während des Absitzens ruhig am Sattel.

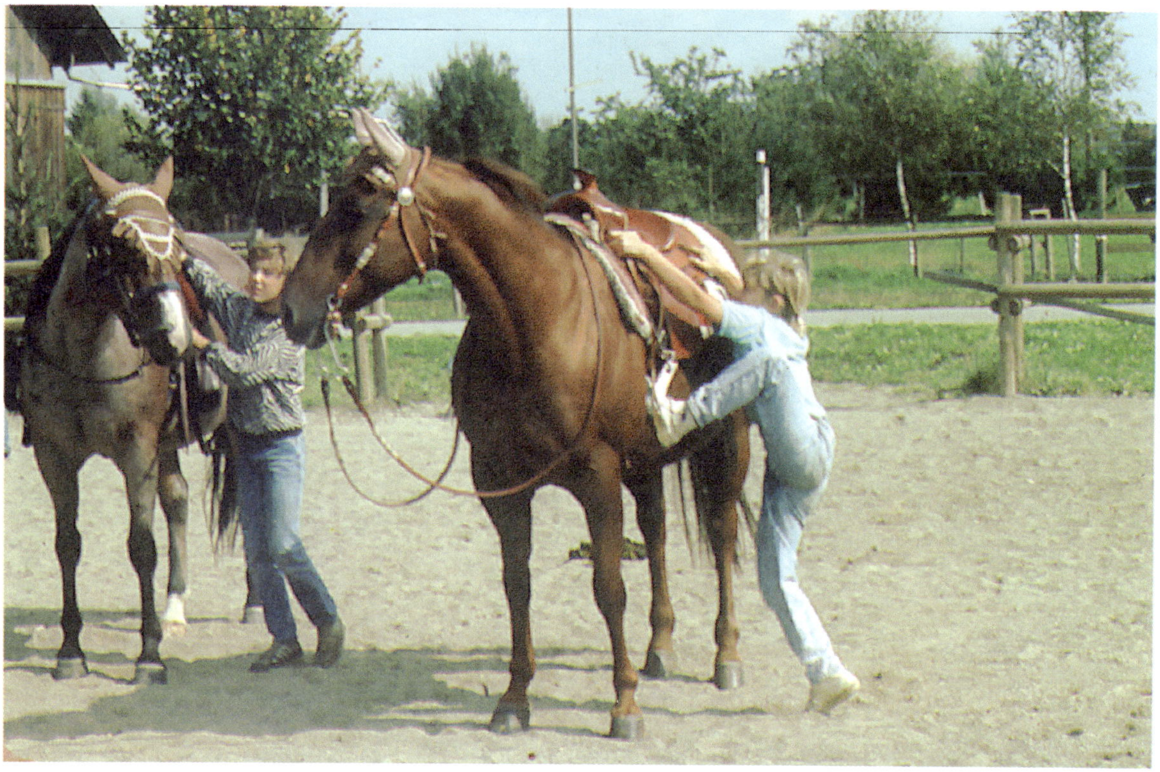

Reiten lernen

Es würde den Rahmen dieses Buches sprengen, hier ausreichende Reitanweisungen zu vermitteln. Ohnehin ist es äußerst schwierig, Reiten theoretisch zu lernen. Deshalb sind die folgenden Hinweise nur als kleine „Trockenübung" zu verstehen.

Richtig Reiten lernen sollte man nur in einer guten Reitschule - sich selbst und dem Pferd zuliebe.

Die Zügel kommen immer in die linke Hand vor dem Aufsitzen, was ebenfalls immer von links geschieht. Dabei darauf achten, dass die Zügel nicht am Pferdemaul zerren. Die linke Hand fasst Halt am Sattelvorderzwiesel, die rechte hält den Steigbügel für den linken Fuß. Mit Schwung ist man oben.

Zum Absitzen zieht man beide Füße aus den Steigbügeln, Zügel in die linke Hand. Man schwingt das rechte Bein über den hinteren Sattelzwiesel zu Boden. Das Gewicht stützt sich dabei auf die Hände am vorderen Zwiesel.

Der Sitz ist korrekt, wenn der Reiter aufrecht, Gesicht nach vorne, aber bequem und im Gleichgewicht locker, den Bewegungen des Pferdes folgen kann. Die Beine umschließen leicht den Pferdekörper. Die Zügel laufen zwischen Ring- und Kleinfinger nach oben und über Zeigefinger und Daumen aus. Die Faust zeigt nach unten.

Ein richtiger entspannter Sitz ist die Voraussetzung, um sicher zu reiten. Jeder Anfänger sollte also ruhig ein wenig im Sattel herumrutschen, um sich selbst auszubalancieren.

Leichtes, kurzes Andrücken der Unterschenkel und Aufnehmen der Zügel sagen dem Pferd: Los!

Auf ein großes Pferd zu steigen ist für kleine Reiter ganz schön schwierig (Bild oben).

Bild unten:
Eine stützende Hand kann beim Absteigen hilfreich sein.

Ein sicherer Sitz ist die Voraussetzung zum Reiten. Der Reiter sitzt mit gerade aufgerichtetem Oberkörper im Gleichgewicht, die Hände halten die Zügel frei, wobei beide Daumen nach oben zeigen.

Die Zügel werden für den Schritt ein wenig nachgelassen. Geht das Pferd zu schnell, verkürzt man die Zügel, indem man sie zur Faust schließt, schließt die Schenkel und rutscht tief in den Sattel. Der Befehl: „Halt!“ funktioniert wie „langsamer!“, aber die Hände bleiben stehen.
Schenkel vermehrt anlegen, leicht den inneren Zügel annehmen, tief in den Sattel setzen, dann weiß das Pferd: „Trab!“

Springen

Springen ist eine schwierige Sache, denn von Haus aus springt ein Pferd nur, wenn es keine andere Möglichkeit sieht. Das ist durchaus sinnvoll, denn die Landung nach einem Sprung bedeutet eine enorme Belastung für die Gelenke.
Sein natürlicher Instinkt sagt dem Pferd, nicht leichtfertig eine Verletzung zu riskieren. Es ist dem Gehorsam und dem Vertrauen eines Pferdes zu seinem Reiter zu verdanken, dass es überhaupt springt.
Soll ein Pferd zum Springen angehalten werden, lässt man es zuerst im Schritt über niedrige Hindernisse gehen. Erst wenn es das sicher beherrscht, versucht man es im Trab, dann im Galopp. Behutsam werden die Höhen gesteigert und die Hindernisse variiert.

Voltigieren

Neben dem Reiten haben vor allem Kinder und Jugendliche besonderen Spaß am Voltigieren und dem Fahren im Wagen. Beim Voltigieren können schon die Allerkleinsten mitmachen. Sie lernen spielerisch und angstfrei den Umgang mit den Tieren. Auf einem ruhig und gleichmäßig laufenden Pferd, das an der Longe geführt wird, lernen die Schüler, auf das laufende Pferd zu springen und auf ihm akrobatische Kunststücke zu vollführen.
Der Unterricht ist erfreulich preiswert, weil für mehrere Schüler nur ein Lehrer und ein Pferd gebraucht werden. Als Ausrüstung genügen einfache Turnschuhe, eine Turnhose und ein T-Shirt, im Winter ein Trainingsanzug. Diese Ausrüstung hat ohnehin fast jeder.
Voltigieren zählt zu den ältesten Zirkusdarbietungen überhaupt. Es ist die Nummer, in der fröhliche Akrobaten auf laufenden Pferden hüpfen, balancieren, Saltos schlagen und vieles mehr.

Ausrüstung zum Reiten

Reitkleidung ist kein Muss, sofern man nicht ein Turnier reiten will. Auf Helm und Stiefel sollte jedoch kein Reiter verzichten. Der Helm schützt vor Kopfverletzungen, denn ein Sturz ist allemal möglich. Die gebräuchlichen Rennkappen sind hartschalig, weshalb sie auch Helm genannt werden. Sie sollen gut passen. Am Kinnband ist eigens noch ein Kinnschutz angebracht. Und ein kleiner Schirm sieht nicht nur chic aus, sondern schützt auch die Augen vor grellem Sonnenlicht.

Reitstiefel sind schmal, aus festem, steifem Leder. Ein flacher Absatz verhindert, dass der Fuß durch den Steigbügel rutscht. Als Anziehhilfe haben sie innen seitlich zwei Schlaufen. Ein Stiefelknecht erleichtert das Ausziehen, denn die Stiefel sitzen knapp. Meist sind sie deshalb sogar heute noch maßgeschustert.

Bequemer sind die halbhohen indischen Jodhpurstiefel (aus dem indischen Staat Jodhpur) mit seitlichen Gummieinsätzen. Passend dazu gibt es auch Jodphur-Reithosen. Von den meisten Reitern werden Englische Reithosen, die „riding-breeches“, getragen. Sie sind kürzer als die

Zu offiziellen Turnieren ist die Kleidung vorgeschrieben: Reitkappe, Hemd oder Bluse in weiß, Reitjacke, Reithose, Stiefel und Reithandschuhe. Auch das Pferd zeigt sich von seiner besten Seite, geputzt und geschmückt.

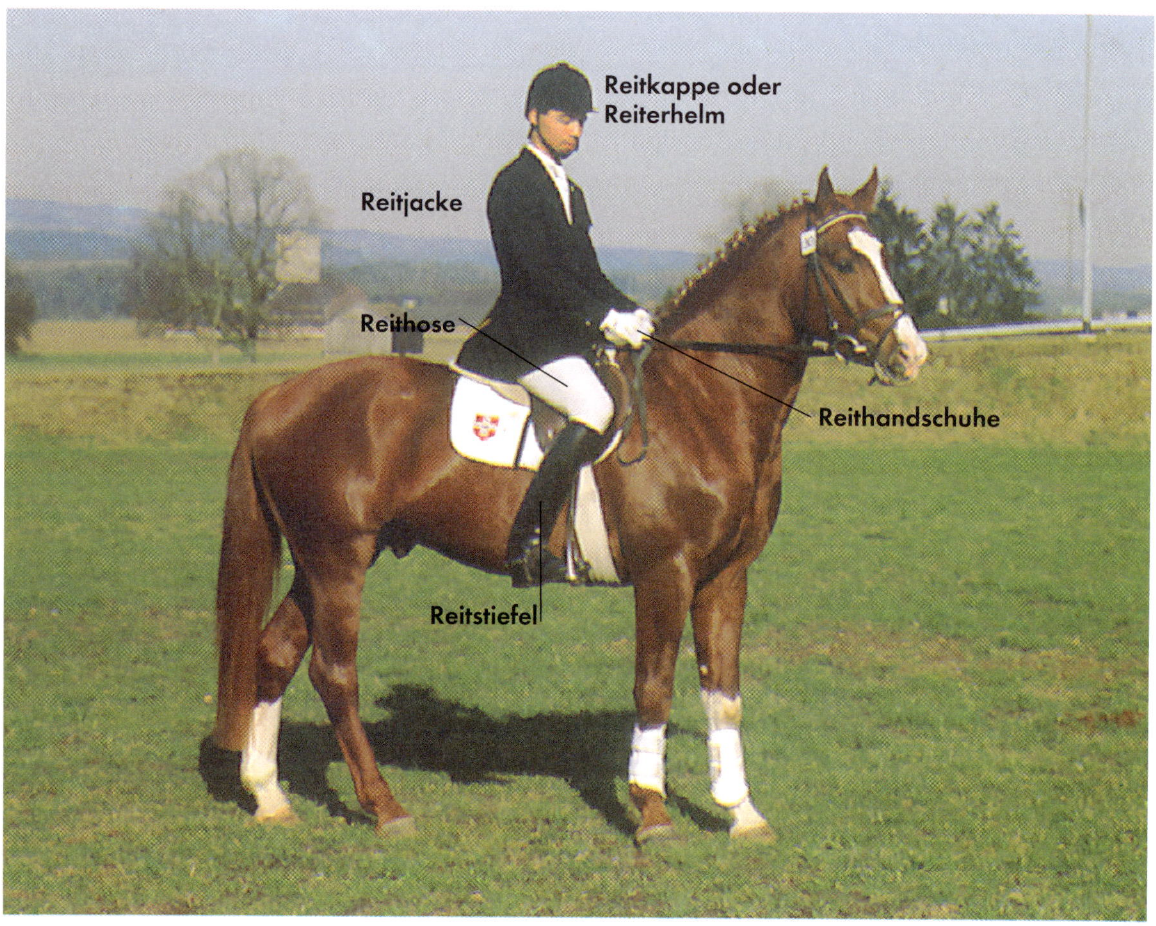

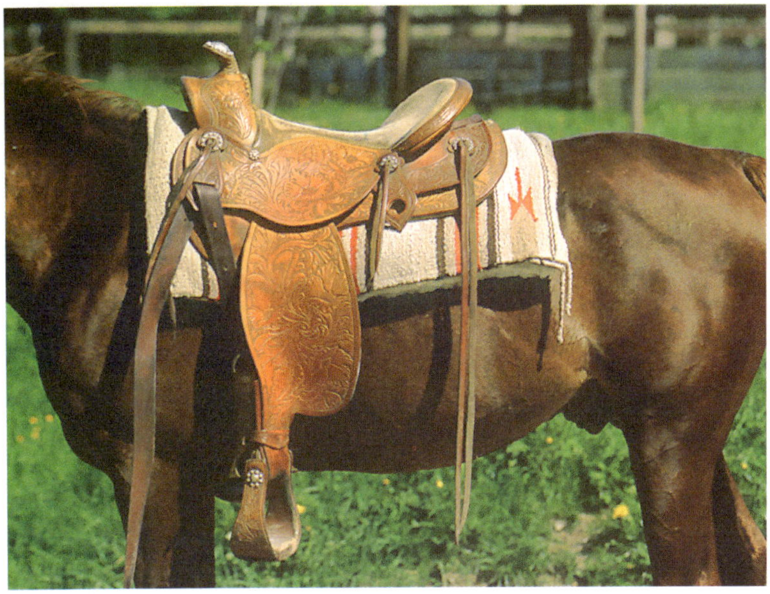

In Westernsätteln sitzt der Reiter sehr bequem. Allerdings sind sie sehr schwer. Sie sind meist mit einer stabilen Lassohalterung ausgestattet, an der der Cowboy ein gefangenes Rind oder Pferd festbinden kann.

indischen Jodhpurhosen. Reithosen haben keine Nähte auf dem Gesäß, damit keine Scheuer- und Druckstellen entstehen können. Gesäß und Beininnenseiten sind gedoppelt oder sogar mit Leder verstärkt.
Pullover, Jacken, Hemden oder Blusen richten sich nach dem Anlass. Reitkleidung soll in erster Linie zweckmäßig und bequem sein.
Mit Reithandschuhen rutschen die Zügel nicht so leicht durch die Hände, vor allem, wenn man verschwitzt ist oder im Regen reitet. Sie sollen locker sitzen.
Reitgerten sind nicht zur Züchtigung da. Die Spring- oder Geländegerte hat eine flache Klatsche. Das Pferd wird durch den Aufklatscher aufmerksam, ohne dass man ihm Schmerz zufügt. Schul- oder Dressurgerten sind länger.

Reitausrüstung für das Pferd

Sattel und Zaumzeug sind fast so alt wie die Unterwerfung des Pferdes selbst. Man weiß dies durch Ausgrabungen 5000-jähriger skythischer Hügelgräber in Sibirien. Pferde, Wagen, Geschirr, Kopfstücke, Halfter und Hobbles wurden neben den Toten gefunden.
Auch alte Abbildungen von den Assyrern zeugen von vollständig aufgezäumten Pferden. Die Erfindung des Steigbügels wird den Hunnen zugeschrieben, jenem wilden Reitervolk, dem man nachsagt, dass es im Sattel geboren wurde und im Sattel starb.

Sättel

Der gängige Satteltyp ist der Vielseitigkeitssattel. Zum Springen, für die Dressur und für Rennen gibt es spezielle Modelle. Alle sind aus festem Leder, das über den sogenannten Sattelbaum aufgebaut ist. Der Vielseitigkeitssattel hat eine nach vorne zurückgebogene Sattelkammer am vorderen Sattelende, die dem Sattel einen guten Sitz gibt.

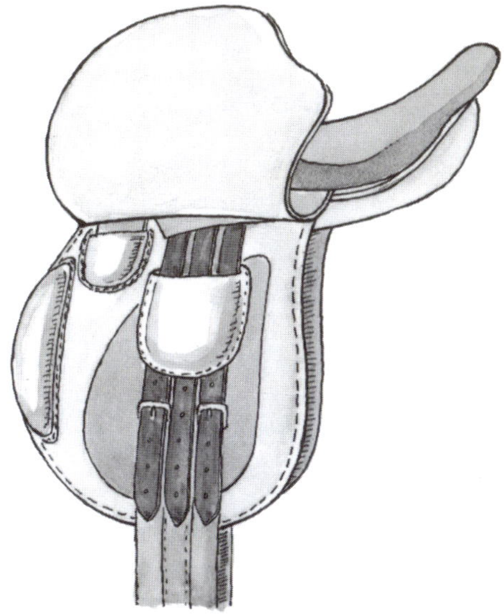

Der Vielseitigkeitssattel ist am weitesten verbreitet. Der Sattel muss sich gut dem Rücken des Pferdes anpassen und das Reitergewicht gleichmäßig verteilen.
Bei modernen Sätteln wurde der hölzerne Sattelbaum durch einen Federbaum ersetzt, der den Sattel elastischer macht.
Der Sattel ist aus Leder. Die Polster, die auf dem Pferderücken aufliegen, bestehen aus Filz oder Wolle. Gurte gibt es aus Leder und aus Stoff.

Die Wölbung hinten heißt Hinterzwiesel. Manche Reiter lieben den Westernsattel. Er ist besonders bequem und stabil, aber auch sehr schwer. Der Damensattel wird nur noch selten benutzt.
Das Wichtigste am Sattel ist, dass er Pferd und Reiter gut passt, sonst reiten sich beide wund.

Zaumzeug

Das Zaumzeug dient dazu, das Gebiss im Maul festzuhalten, denn über das Gebiss wird das Pferd gelenkt. Zum Sport- und Freizeitreiten verwendet man den Trensenzaum. Er besteht aus einem Metall- oder Gummimund-

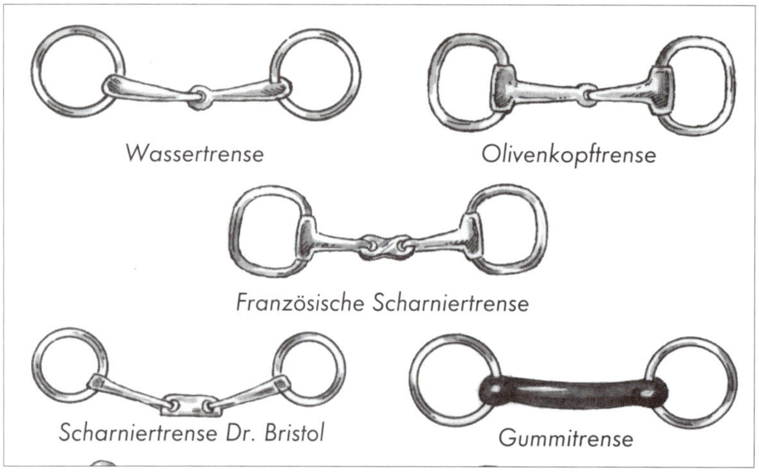

Trensen nennt man die Gebisse, die Pferde im Maul tragen. Sie sind meist aus Metall. Für sehr junge und empfindliche Pferdemäuler werden Gummitrensen bevorzugt. Reitanfänger und Gelegenheitsreiter benutzen meist eine einfache Wassertrense. Die Ringe, an denen die Trense befestigt ist, verhindert, dass die Trense ins Maul rutscht.

Bei der Kandarenzäumung müssen Trensen- und Kandarenzügel geführt werden. Das Pferd trägt eine Unterlegtrense, eine Gebissstange und eine Kandarenkette. Die Kandare ist als Zaumzeug sehr vorsichtig zu handhaben. Jedes Zerren und Reißen daran ist zu vermeiden, um das Pferdemaul nicht zu verletzen. Man benutzt sie, wenn ein hoher Versammlungsgrad vom Pferd gefordert wird.

Die Begeisterung der Araber für ihre edlen Pferde drückt sich ganz eindeutig auch in kostbarem, farbenfroh und überreich besticktem Zaum- und Sattelzeug aus. Reiterspiele und Wettbewerbe sind höchst beliebt in allen arabischen und asiatischen Ländern.

stück in Form einer Stange oder eines Gelenks. An den Enden ist es mit Ringen am Zügel und dem Kopfstück des Zaums befestigt. Ebenso gebräuchlich ist das Stangengebiss. Das dazugehörige Mundstück ist aus Metall oder Gummi.
Die Kandare ist ein sehr hartes Gebiss, mit dem man das empfindliche Pferdemaul sehr leicht verletzen kann. Sie besteht aus einem gebrochenen Trensen- und einem Stangengebiss. Nur erfahrene Reiter sollte sie benutzen.

Steigbügel

Die richtige Größe der Steigbügel bemisst sich nach der Schuhbreite. Es soll links und rechts wenigstens 1 cm Platz sein, damit man im Falle eines Sturzes nicht im Steigbügel hängen bleibt. Besonders für Kinder und Reitanfänger sind Sicherheitssteigbügel mit seitlichem Gummiband zu empfehlen. Durch das Gummiband wird verhindert, dass der Reiter im Steigbügel hängen bleibt und mitgeschleift wird, wenn er einmal vom Pferd fällt.
Die meisten Steigbügel sind aus Metall. Sie sind stabil und leicht von Schmutz zu reinigen. Sie sind an längenverstellbaren Riemen am Sattel befestigt. Eine Faustregel sagt, dass sie auf eine Armlänge eingehängt werden.
Wird das Pferd nicht geritten, bindet man die Steigbügel hoch, damit sie nicht gegen den Pferdebauch schlagen.

Pferdedecken

Pferdedecken haben den gleichen Sinn wie Mäntel für den Menschen. Sie dienen zum Schutz vor Kälte, Nässe und Zugluft. Je edler das Pferd ist, desto anfälliger ist es und desto dankbarer für die Zudecke.

Gesattelte Pferde sollen bei einer Rast auf einem Reitausflug nicht frei herumlaufen, sondern festgebunden werden. Sie könnten sich sonst wälzen und dabei den Sattel beschädigen. Ein gebrochener Sattelbaum zum Beispiel kann das Pferd leicht verletzen und ist zum Weiterreiten nicht mehr zu gebrauchen. Die Tiere bleiben geduldiger, wenn auch sie eine kleine Stärkung bekommen.

Pferde-Pflege und Schönheits-Pflege

Pferdepflege dient nicht nur der Hygiene und Schönheit, sondern auch der Fitness. Bei der Pflege wird auch gleich der Gesundheitszustand überprüft.
Putzen kann man immer nur ein trockenes Pferd. Ist es nass, drückt man beim Bürsten Schlamm und Staub nur tiefer in das Fell hinein. Ein Trick, das Pferd rascher trocken zu bekommen: Man legt ihm eine alte Decke über und, noch besser, man packt dick Stroh darunter, das die Nässe aufsaugt. Ist das Pferd sehr nass, kann man es vorher mit dem Schweißmesser abziehen. Er funktioniert wie ein Scheibenwischer.
Nun kommen als erstes die Hufe dran. Sie müssen unbedingt täglich ausgekratzt werden, immer vom Ballen zum Hufrand. Dann wird das Fell, die Mähne und der Schweif von Staub, Schmutz und Parasiten befreit. Das Fell wird nach dem Strich gebürstet, vom Kopf nach hinten, von oben nach unten. Die meisten Pferde genießen diese Behandlung. Es ist für sie eine Massage der Haut und auch der Seele. Sie lieben es auch, wenn man ihnen dabei mit ruhiger Stimme alles mögliche erzählt. Sicherheitshalber sollte man sie während der Pflege aber immer festbinden.
Bevor man den Stirnschopf und die Mähne ausbürstet und kämmt, entwirrt man sie vorsichtig mit den Fingern. Beim Kämmen nimmt man dann Strähne für Strähne, ohne

Die meisten Pferde lieben es, gebürstet zu werden. Das Gesicht wird mit einer weichen Bürste oder der Kardätsche von Staub und losen Haaren befreit.

Zum Putzen braucht man verschiedene Werkzeuge. Für groben Schmutz benutzt man eine grobe Bürste. Wenn man Schlamm und lose Haare entfernen will, nimmt man eine Gummibürste. Für leicht verschmutztes, staubiges Fell genügt die Kardätsche. Sie ist weich und man benutzt sie auch zum Säubern des Kopfes. Vorsicht mit dem Eisenstriegel, damit das Pferd nicht verletzt wird. Mit ihm striegelt man die losen Härchen aus dem Fell. Er muss immer schon nach wenigen Striegelstrichen wieder ausgeklopft werden.

Haare auszureißen oder abzubrechen. Genauso verfährt man mit dem Schweif. Um ihn in Form zu halten, kann man auch noch für ein, zwei Stunden eine Schweifbandage anlegen. Sie darf nur locker gebunden sein, damit die Blutzirkulation nicht behindert wird. Die Haare auf der Schweifrübe müssen auch gerade und locker eingebunden sein. Sie werden sonst wellig oder sterben ab. Sobald sie nachwachsen, sind sie weiß. Die Schweifbandage wird übrigens zum Schutz auch beim Transport angelegt.

Nun werden Augen und Nüstern mit einem nassen Schwamm ausgewischt. Mit einem zweiten Schwamm säubert man das Hinterteil, die Geschlechtsteile und die Schweifrübenhaut. Danach ist das Abtrocknen wichtig, damit die Haut nicht austrocknet und rissig wird.

Stallpferde brauchen mehr Pflege als Weidepferde. Ihr Fell muss täglich vom Hautschutzfett befreit werden, das sie im Freien vor Nässe und Kälte schützt.

Den Anfang des täglichen Pflegeprogramms bildet die Hufpflege. Die Hufe werden gewaschen, gebürstet und eingefettet, am besten mit Huf-Fett, das pflegende Substanzen enthält. Schon beim Auskratzen prüft man ihren Zustand. Es kann sein, dass ein Eisen abgenutzt ist, locker sitzt oder verloren gegangen ist. Es kann auch sein, dass die Hufnägel nicht mehr flach an der Hufwand liegen. Dann kann das Pferd sich daran verletzen. In diesen Fällen braucht man schnell einen Termin beim Hufschmied. Zu ihm geht man routinemäßig alle fünf Wochen.

Zöpfchen für die Mähne

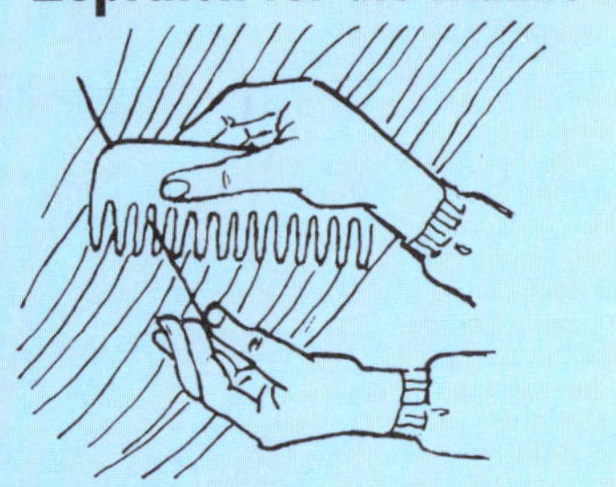

Kämmen und verzupfen

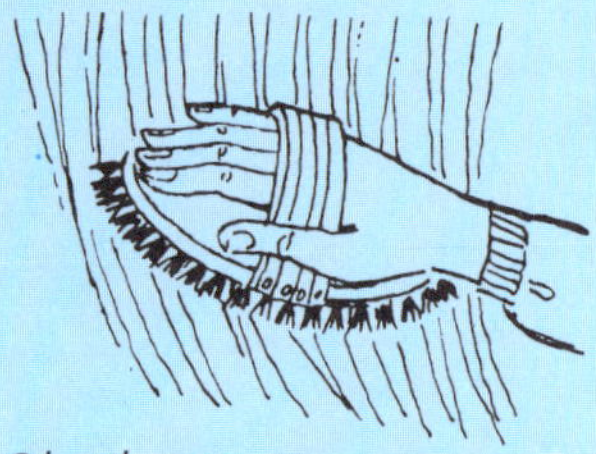

Glatt bürsten

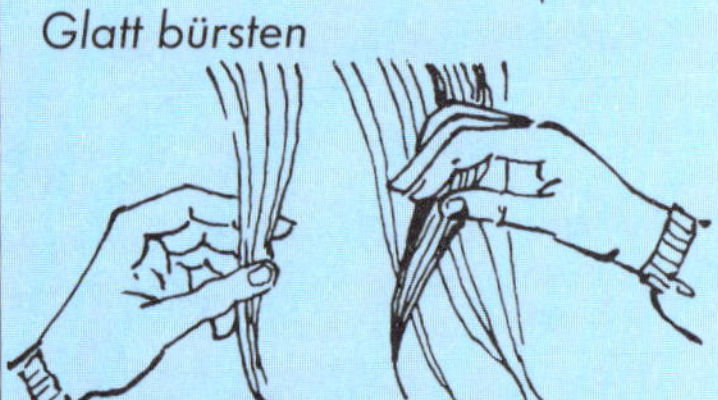

Drei gleichmäßige dünne Strähnen abteilen

Feste Zöpfe flechten

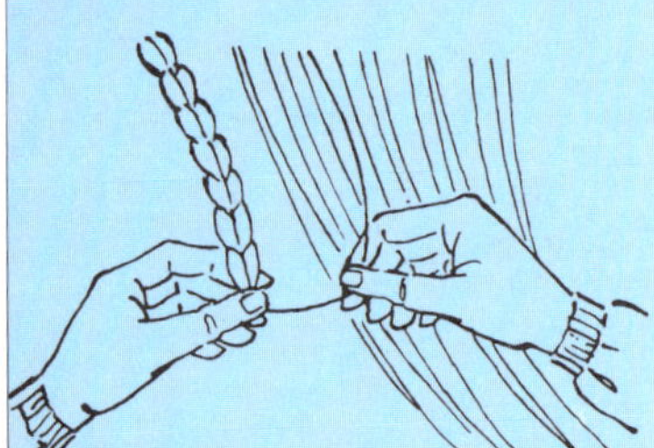

Zopfenden nach innen vernähen

Geflochtener Schweif

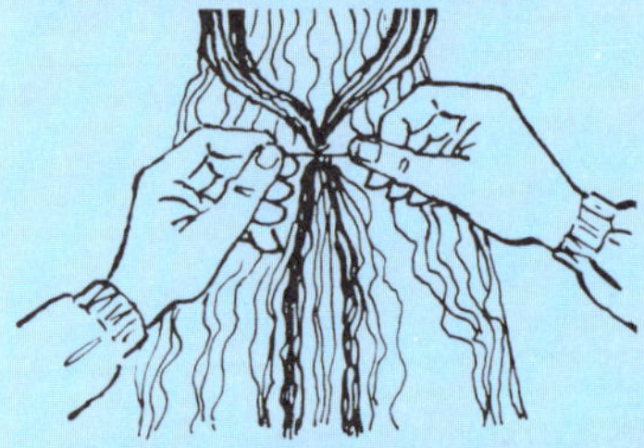

Je einen Zopf von links und rechts des Schweifes in der Mitte zusammenführen und zusammennähen.

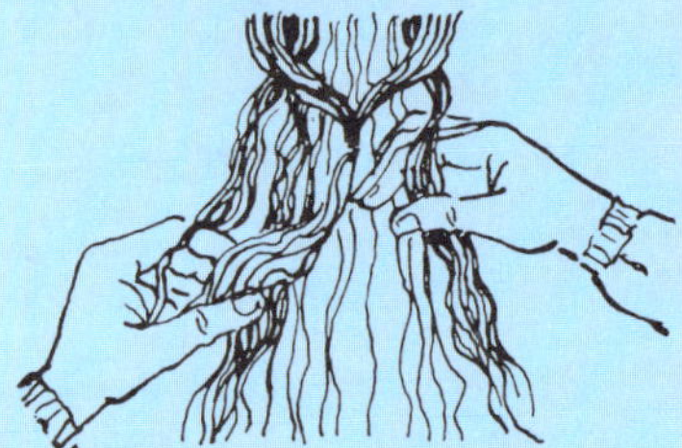

Von außen zwei neue Strähnen in den mittleren Zopf einflechten

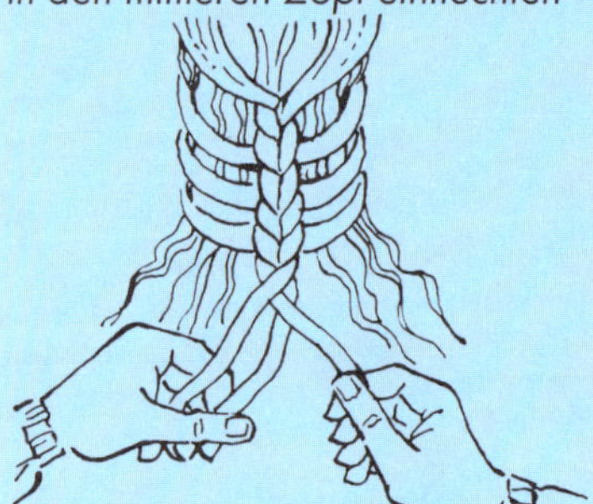

Unter der Schweifrübe den mittleren Zopf weiterflechten.

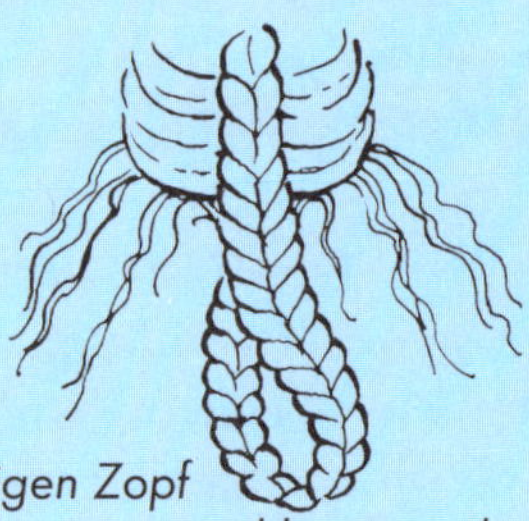

Fertigen Zopf nach unten einschlagen und verdeckt vernähen.

Schönheitspflege

Pferde sind von Haus aus schöne Tiere. Aber gepflegt sind sie eben noch schöner. Bei Vorführungen und Auftritten erscheinen sie oft nicht nur geputzt und gebürstet. Sie sind auch getrimmt, Mähne und Schweif verzupft, geschnitten und frisiert und ihre Hufe lackiert. Das erfordert viel Mühe und Geschick.

Die Haare: Vielen Pferden wird der Fesselbehang geschnitten, die Mähne, die Stirnhaare, ein Stück Schweif. Auch Kupieren war eine Zeitlang sehr in Mode und ist bei eini-

Frisuren

Zopf- und Knopffrisuren sind beliebt an Schweif und Mähne für Vorführungen. Zum Beispiel der kunstvolle französische Zopf: Zu dieser Frisur wird der gewaschene Schweif sorgfältig mit dem Mähnenkamm gekämmt, drei dünne Strähnen genommen und geflochten. Dabei werden zu jedem Flechten neue Seitenhaare dazugenommen. Es sieht hübsch aus, wenn man unterhalb der Schwanzrübe mit einem normalen Zopf aus allen Haaren fortfährt. Schließlich vernäht man ihn mit einem festen Faden, wobei man das unterste Schweifende ungeflochten lässt.

gen Rassen noch üblich. Dabei wird ein Stück der Schwanzrübe operativ entfernt, so dass als Schweif nur noch eine kurze Quaste bleibt.
Haare sollen natürlich da entfernt werden, wo sie lästig sind. Der Fesselbehang wird so lang gelassen, dass zwar der Kronenrand freigelegt ist, aber kein Wasser in die Fesselbeuge laufen kann. Das könnte sonst die gefürchtete Mauke zur Folge haben. Im Winter soll der Fesselbehang überhaupt lang bleiben. Am besten zum Schneiden immer eine Schere mit abgerundeten Ecken verwenden.
Die Tasthaare am Maul dürfen nicht abgeschnitten werden, höchstens die langen an den Backenknochen und am Hals. Bei manchen Rassen wird die Mähne gestutzt. Man sollte aber immer bedenken, dass die Mähne – wie auch der Schweif – dem Pferd dazu dient, lästige Insekten abzuwehren. Mähne und Schweif sollen aber immer ordentlich von Verfilzungen befreit und auf gleiche Länge geschnitten oder verzupft werden.

Zopffrisur für die Mähne

Für diese Frisur darf die Mähne nicht zu dicht sein. Meistens muss sie dafür erst verzogen, das heißt ausgedünnt werden. Das macht man so: Man nimmt ein kleines Büschel Haare und kämmt mit dem Mähnenkamm alle kürzeren Haare zurück. Die langen Haare, die übrig bleiben, reißt man mit einem kurzen, kräftigen Ruck aus. Diese Prozedur ist für das Pferd sehr unangenehm, weshalb man sie nicht zu lange ausdehnen sollte. Nach dem Verziehen kann man nun flechten – zum Beispiel alle zehn Zentimeter einen festen Zopf. Der wird zu einem kleinen Knoten gewunden und am Mähnenkamm festgenäht. Oder der arabische Zopf: Man flicht, vom Genick ausgehend, den Haarsaum der Mähne ein und vernäht ihn am Ende.

Fellmuster

Sie werden immer beliebter und sind wirklich einfach herzustellen und sehr wirkungsvoll. Dazu braucht man sich nur eine Papierschablone zu kaufen - es gibt sie mit Würfeln und Kreisen. Die legt man dem Pferd auf die frisch gebürstete, angefeuchtete Kruppe und bürstet nun die Haare gegen die Fellrichtung darüber. Das geht leichter zu zweit: Der eine hält die Schablone, der andere bürstet.
Öl und Spray: Was den Damen die Schminke, ist dem Pferd das Babyöl. Ein paar Tropfen davon im Gesicht verrieben, verleiht ihm mehr Ausdruck. Für mehr Glanz an Schweif und Mähne gibt es Spezialsprays.
Die Hufe: Sie werden eingefettet und poliert; in Amerika lackiert man sie ihnen sogar zu Auftritten farbig. Auch die Wimpern werden ihnen dort getuscht. Sogar regelrechte Schönheits- und Fitnessfarmen gibt es. Hier werden die Rösser massiert, sie betreiben spezielles Muskeltraining und schwimmen im Pool.

Schur beim Jagdpferd

Schur beim Rennpferd

Komplette Schur

Scheren des Winterfells

Vor der Kälte im Winter schützt die Natur Pferde durch ein dickeres Fell. Allerdings schwitzen sie darunter schnell und werden leicht erschöpft, wenn sie etwas leisten müssen. Dann besteht die Gefahr, dass sie sich erkälten. Man hat sich deshalb angewöhnt, das Winterfell zu scheren. Die beste Zeit dafür ist der Herbst. Wichtig: Das Pferd muss vor der Schur mindestens eine Woche im Stall gestanden haben und regelmäßig geritten worden sein. Nach der Schur wird das Hautschutzfett mit warmem Wasser ausgewaschen und das Fell sorgfältig getrocknet.

Die Gesundheit

Wache, klare Augen, ein glänzendes Fell und wohl gerundete Proportionen verraten ein gesundes Pferd. Pferde sind zäh. Aber immun gegen Krankheiten sind sie nicht.
Ein Pferd, das sein Futter verweigert, reglos herumsteht mit hängendem Kopf, ist krank. Es muss auf weitere Symptome untersucht werden: Fühlt es sich fiebrig an, hat es Ausfluss aus den Augen oder Nüstern, trübe Augen, ist es unruhig oder apathisch? Durchfälliger Stuhl, Schweißausbrüche, schwerer Atem und Husten sind untrügliche Krankheitszeichen. In den meisten Fällen ist es ratsam, den Tierarzt zu rufen. Die Gesundpflege kann man nach Anweisung des Arztes dann noch selbst unterstützen.
Verdauungsprobleme können im Mund beginnen, wenn die Zähne ungleichmäßig abgekaut wurden und dadurch scharfe Zacken entstanden sind. Sie verursachen Schmerzen beim Beißen. Der Tierarzt kann sie abfeilen.
Magen- und Darmprobleme sind häufig, denn der Verdauungsapparat des Pferdes ist kompliziert und empfindlich. Gegen Blähungen und Verstopfung hat sich 1/4 bis 1/2 Liter Leinöl bewährt.
Unruhe, Schweißausbrüche, Beißen und Schlagen nach den Flanken sind deutliche Anzeichen einer schmerzhaften Kolik. Hier muss sofort der Tierarzt helfen. Bis zu seinem Eintreffen darf das Pferd nichts fressen. Es braucht Wärme, eine Decke und eine Wärmflasche auf den Bauch. Man muss auf jeden Fall verhindern, dass das Pferd sich

Hat sich ein Pferd verletzt, muss als erstes die Blutung gestillt werden. Je nach Schwere der Verletzung holt man den Tierarzt. Oberflächliche Wunden werden mit Jodtinktur oder Antibiotikumpuder desinfiziert und eventuell ein Verband angelegt. Alle Pferde sollen auf jeden Fall gegen Tetanus geimpft werden.

hinlegt. Am besten führt man es vorsichtig und langsam ein wenig herum.
Auch Würmer können gefährlich werden, wenn sie überhand nehmen. Deshalb sind alle Pferde regelmäßig einer Wurmkur zu unterziehen.
Husten kann von einer Erkältung herrühren, Teil einer Grippe sein oder eine einfache Heustaub-Reizung. Es kann aber auch schwerwiegendere Ursachen geben. Auf jeden Fall sollte auch hier umbedingt der Tierarzt zu Rate gezogen werden. Vor allem länger anhaltender Husten muss untersucht werden.
Hautkrankheiten, die durch Parasiten wie Läuse hervorgerufen werden, plagen viele Pferde. Durch die Larven der Dasselfliegen entstehen z.B. die äußerst schmerzhaften Dasselbeulen. Auch Flechten, Ekzeme, Akne sind nicht nur unschön, sondern oft juckend und zum Teil sogar für den Menschen äußerst ansteckend. Hygiene und Sauberkeit im Stall beugen Krankheiten vor.
Lahmt ein Pferd, liegt in 90 % aller Fälle die Ursache beim Huf. Ein simpler Stein kann eingetreten sein oder mit dem Beschlag ist etwas nicht in Ordnung. Hufrehe und Hornspalt entstehen durch falsche Ernährung und zu wenig Bewegung.
Vor allem die Gelenke sind empfindlich und durch Überbeanspruchung oftmals gereizt, entzündet und geschwollen. Umschläge und Schonung fördern die Heilung.

Neben der medizinischen Betreuung und der verordneten Ruhe braucht ein Pferd viel Liebe und Zuwendung zum Gesundwerden.

Shetland-Ponys beim Grasen auf der Weide. Sie sind genügsam und finden auch auf kargen Weiden noch genügend Futter. Je nachdem, wieviel und wie hart sie arbeiten müssen, brauchen sie zusätzlich Kraftfutter.

Futter

Ein Pferd, das täglich arbeitet, geritten wird oder im Geschirr geht, wird vom Weidegras nicht satt. Es braucht Zusatzfutter. Futtermenge und Rau-/Kraftfutterverhältnis richten sich nach dem Körpergewicht des Pferdes und der Leistung, die es erbringen muss.

Das beste Grundnahrungsmittel für alle Pferde ist Saatheu, eine Mischung von Raigras und Klee, oder Häcksel. Häcksel besteht aus gehacktem Stroh oder einer Mischung aus Heu und Stroh. Es macht in den meisten Fällen etwa die Hälfte bis zwei Drittel der Nahrung aus. Damit ist eine optimale Verdauung sichergestellt. Wichtig ist die einwandfreie Qualität. Dazu kommt noch Kraftfutter. Am verbreitetsten ist Hafer, der Fett, Stärke und Protein enthält. Zuviel davon allerdings macht ein Pferd hitzig und übermütig. Es „sticht der Hafer“. Gerste und Leinsamen (für ein glänzendes Fell) müssen erst gekocht werden, bevor sie verfüttert werden können, machen das Pferd aber weniger heiß. Leinsamen ist roh giftig.

Ein wenig Weizenkleie zusätzlich sorgt für Ballaststoffe, ist also wichtig für die Verdauung. Mit kochendem Wasser angerührt, ergibt die Kleie Mash. Man verfüttert Mash als Heilnahrung für kranke und müde Pferde.

Es gibt diverse Fertigfuttermischungen, die alle wichtigen Nährstoffe enthalten. Sie sind natürlich nicht ganz billig. Maisflocken und Pellets können die Nahrung ergänzen. Pferde sind Feinschmecker und lieben Abwechslung.

Mit frischem Obst, vor allem Äpfeln und Gemüse wie Möhren und Rüben kann man sie verwöhnen. Obst und Gemüse sollten aufgeschnitten verfüttert werden, damit sie nicht im Ganzen verschluckt werden.
Ein Salzleckstein ist wichtiger Kochsalzlieferant, weil dies in der Pflanzennahrung fast gänzlich fehlt.
Um Mängeln vorzubeugen, können zusätzlich Mineralstoffe für den Stoffwechsel und Kalk und Phosphor für die Knochen ins Futter gemischt werden. Melasse und Dorschleberöl fördern die Energie. Knoblauch, der beim Menschen Verschleiß und Alterung verzögert, tut dies auch beim Pferd. Er kann in Pulverform ins Futter gemischt werden.
Der Verdauungsapparat des Pferdes ist empfindlich. Der Magen ist im Verhältnis zur Körpergröße klein, der Darm besonders lang. Viele kleine Mahlzeiten sind deshalb immer günstig, um Verdauungsbeschwerden, Verstopfung und Blähungen, die leicht zu Koliken führen können, vorzubeugen.
Wasser ist so wichtig wie Futter. Ein Pferd trinkt durchschnittlich 35 Liter täglich. Es soll immer vor dem Fressen trinken, damit keine unverdaute Nahrung aus dem Magen ausgeschwemmt wird.
Nach der Arbeit soll wenigstens eine Stunde vergangen sein, bevor das Pferd frisst. Und nach der Mahlzeit braucht es eineinhalb Stunden zur Verdauung.

Der Verdauungsapparat des Pferdes ist kompliziert und deshalb anfällig für Störungen. Gemessen an seiner Körpergröße hat das Pferd einen extrem kleinen Magen. Er fasst höchstens 8 bis 15 Liter. Die Kuhmägen nehmen dagegen zwischen 140 und 230 Liter auf. Das ist rund zwanzigmal soviel.
Um Verdauungsstörungen vorzubeugen, braucht das Pferd täglich mehrere kleinere Nahrungsmengen und muss stark blähendes Futter wie zuviel Gras und Klee vermeiden.

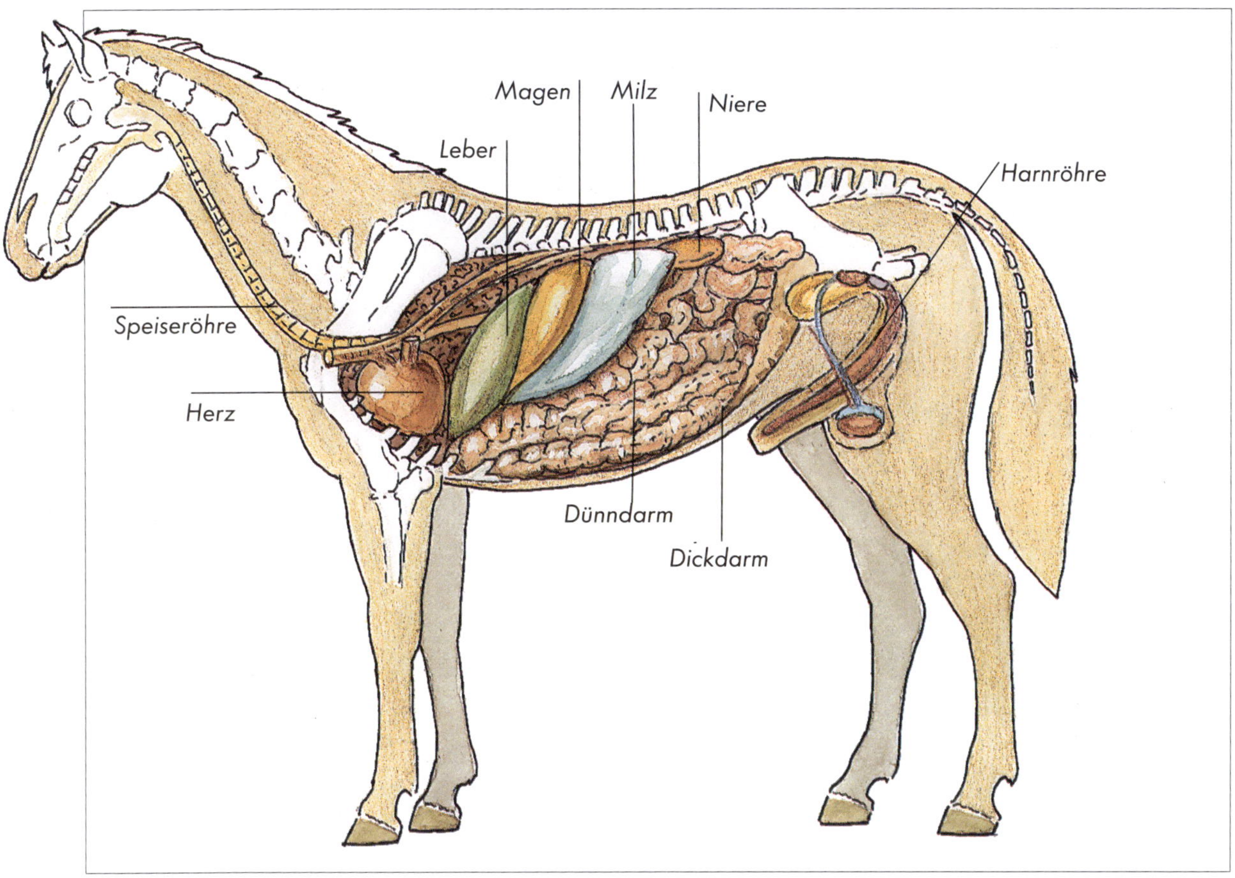

Die Sprache des Pferdes

Je besser wir Pferde verstehen, desto erfreulicher und erfolgreicher wird die Partnerschaft. Pferde verfügen über hervorragend ausgestattete Sinne und drücken sich sowohl in der Körpersprache als auch stimmlich aus.
Dem Pferd stehen neun Tonlagen zur Verfügung, um sich stimmlich zu äußern. Es kann bedeuten: Rufen, Freude, Angst, Warnung, Drohung, Übermut, Hunger, Gefahr, Ungeduld, Unwille...
Pferde kommunizieren miteinander. Eine Stute ruft ihr Fohlen, wenn es sich zu weit entfernt, ein Fohlen ruft die Mutter, sobald es sie nicht sieht. Ein Hengst, der eine rossige Stute über 600 m Entfernung riechen kann, wiehert ihr entgegen. Und die Stute wiehert zurück.

Pferde stehen gern dicht beieinander und ruhen aus. Hengst und Leitstute beobachten während der Ruhezeiten die Gegend, um die Herde rechtzeitig warnen zu können, falls Gefahr droht.

Pferde rufen einander zur Begrüßung zu. Ebenso begrüßen sie oft auch vertraute Menschen. Im Stall ist das Rufen oft zu hören, wenn sie zum Beispiel gefüttert werden wollen.

Das Herdenleben erfordert strenge Regeln und eine hierarchische Ordnung, um funktionieren zu können. Es gibt ranghöhere und -niedrigere Tiere. Man kann die Ranghöhe erkennen an der Reihenfolge, in der Pferde ans Futter, ans Wasser oder in den Stall gehen. Rangniedrigere Tiere müssen warten. Normalerweise richtet sich die Ranghöhe nach Geschlecht und Alter.

Der Hengst ist der Chef. Er steht auch über dem Wallach. Bei den Stuten entscheiden Alter, Größe, Gewicht und Vitalität. Die Jugend muss dem Alter den Vortritt lassen.

Missachtet ein Tier den Vorrang, ergeht eine deutliche Warnung. Die Ohren werden drohend angelegt, das Pferd schert seitwärts oder rückwärts-seitwärts aus und wirbelt den Schweif wild herum. Wird diese Drohung missachtet, setzt es Bisse und Hiebe mit der Hinterhand.

Pferde sehen gut, auch wenn ihnen der Stirnschopf oft weit über die Augen fällt. Die Augen sind dicht und lang bewimpert. Sie blinzeln oft, um lästige Insekten zu vertreiben. Im Dösen sind die Lider halb bis ganz geschlossen. Unruhige Pferde verdrehen oft die Augen, bis der weiße Augapfel sichtbar wird.

Dieses Gesicht drückt Erschöpfung und Furcht aus. Die zurückgelegten Ohren verraten Misstrauen.

Der Mensch, der gefahrlos mit Pferden umgehen will, muss sich selbst zum ranghöchsten Mitglied machen.
Es kommt dann sogar vor, dass Pferde sich in den Menschen regelrecht verlieben und ihn umwerben. Er nimmt die Stelle des Hengstes oder der Leitstute ein. Gelingt ihm das nicht, ist er vom Wohlwollen der Pferde abhängig. Das kann gefährlich werden.
Normalerweise gibt es nur einen Hengst pro Herde. In freier Wildbahn verjagt er in der Paarungszeit alle jungen Hengste, sobald sie geschlechtsreif werden. In der übrigen Zeit gibt es aber ein durchaus freundschaftliches Verhältnis zwischen Vätern und Söhnen. In Zuchtherden werden junge Hengstfohlen herausgefangen oder kastriert.

Pferde sind höchst sensibel und zeigen Vorlieben und Abneigungen. Sie sind ausgesprochen neugierig. Da sie durch die Stellung ihrer Augen nicht sehen können, was sich direkt vor ihnen befindet, beschnuppern sie alles. Ihr ausgeprägter Geruchssinn und ihr phänomenales Gedächtnis helfen ihnen beim Erkennen. Die weichen, empfindlichen Lippen sind mit Tasthaaren ausgestattet.

Flehmen nennt man das laute Einziehen der Luft mit weit vorgestrecktem Kopf. Pferde flehmen zur Begrüßung. Der Geruch, den sie dabei so intensiv einsaugen, sagt ihnen, wer auf sie zukommt.

Begrüßung

Die Tiere begrüßen sich untereinander, indem sie sich ausgiebig beschnuppern. Sie blasen sich sachte an und stoßen dabei einen bullernden Laut aus. Und sie stupsen sich zärtlich mit dem Maul. Besondere Zuneigung drücken sie durch mehrmaliges betontes Ausatmen, Einatmen und Bullern aus.
Mit Menschen gehen sie nicht anders um. Auch sie werden oft freudig mit lautem Wiehern begrüßt, neugierig beschnuppert und angeblasen. Über weite Entfernung flehmen Pferde, das heißt sie klappen die Lippen hoch und saugen den Duft tief in die Nüstern ein. Manche Reiter ölen sich deshalb die Hände ein, bevor sie sich einem schwierigen Pferd nähern.

Stimmungen

Die Stellung der Ohren gibt Auskunft über die momentane Laune des Pferdes. Sie sind durch 16 Muskeln in alle Richtungen drehbar. Das Gehör ist ausgezeichnet. Zeigen die Ohren konzentriert nach vorne, bedeutet dies großes Interesse an einem vor dem Pferd liegenden Gegenstand. Gerade gespitzte Ohren signalisieren Konzentration und Arbeitsbereitschaft. Es kann losgehen! Seitwärts gerichtete Ohren bedeuten das Lauschen auf ein Geräusch von dieser Seite. Bewegen sich beide Ohren hin und her, ist das Pferd aufmerksam. Entspannt und dösig, lässt es die Ohren schlaff herunterhängen. Bei Verblüffung oder auch Schreck fallen die Ohren seitlich herunter und das Pferd macht ein dummes Gesicht. Eng nach hinten angelegte

Ohren signalisieren deutlich Unmut, Missfallen, Zorn, Aggression. In höchster Wut bleckt es dabei die Zähne und zeigt das Weiße seines Auges.
Kehrt das Pferd einem die Hinterhand zu, ist dies eine unmissverständliche Drohgebärde. Es ist bereit, damit zu schlagen. Unmissverständlich ist auch Aufstampfen, Kopfschütteln und ein schlagender Schweif. Das Pferd ist irritiert, wütend und unwillig.
Wenn das Pferd buckelt und mit steifen Beinen herumspringt, demonstriert es ganz entschieden Widerstand. Es drückt aus, dass es keineswegs bereit ist sich führen und reiten zu lassen. Man sieht dieses Verhalten bei Rodeos und in Westernfilmen beim Zureiten wilder Pferde in ganz extremer Form. Aber auch manche unserer zahmen Pferde reagieren so auf einen ungeliebten Reiter.

Wenn das Pferd so deutlich seine Zähne zeigt, handelt es sich um eine Drohgebärde. Was wie lachen aussieht, heißt: „Komm mir nicht zu nahe, sonst beiß ich!"

Wälzen

Haut und Fell sind nicht nur schützende Körperhülle, sondern vielmehr als Kontaktorgan ein wichtiges Instrument des Pferdes. Es wälzt sich gern und ausgiebig vorzugsweise auf trockenem, staubigem Boden, schüttelt sich und reibt sich die verschiedensten Körperstellen an Bäumen oder Stangen. Pferde nutzen auch gerne die Gelegenheit zum Baden. Sie sind überraschend gute Schwimmer.
Freundschaft und Vertrauen untereinander zeigen die Tiere beim gegenseitigen Fellkraulen. Mit den Lippen und Zähnen knabbern sie ausgiebig und hingebungsvoll im Fell und in der Mähne des Freundes.
Tagaus, tagein in der engen Box – und sei sie noch so sauber, geräumig und luxuriös – ist widernatürlich für ein Pferd. Seiner Natur entsprechend bewegt es sich viele

Pferde wälzen sich gern. Das massiert ihre Haut und sie nehmen den Duft des Bodens auf.

Stunden täglich draußen. Pferde, die nicht genügend Bewegung und Unterhaltung haben, gewöhnen sich häufig Untugenden an, weil sie seelisch und körperlich verkümmern. Die häufigsten Stallunsitten sind Figurenlaufen, Weben und Koppen. Figurenlaufen nennt man es, wenn ein Pferd unermüdlich in seiner Box den immer gleichen Pfad abläuft. Vom Weben spricht man beim stereotypen Schaukeln des Kopfes, des Halses und manchmal sogar des gesamten Vorderkörpers. Kopper schlucken Luft, was zu heftigen Verdauungsbeschwerden führen kann.
Hat ein Pferd sich erst einmal eine dieser Untugenden angewöhnt, fällt sein Wert beträchtlich. Es ist nahezu unmöglich, es ihm wieder abzugewöhnen.
Pferde brauchen dringend Kontakte. Im Stall wie auf der Weide pflegen sie enge Freundschaften. Pferde, die sich mögen, stehen oft eng zusammen, kraulen sich das Fell zärtlich mit den Zähnen und reiben den Kopf am anderen. Fohlen bevorzugen zwar anfänglich ausschließlich die Mutter. Später suchen sie sich Gleichaltrige zum Spielen.

Junge Pferde kämpfen spielerisch miteinander. Verteidigt ein Hengst jedoch seine Stuten gegen einen jungen Rivalen, wird es ernst. Er stellt sich auf die Hinterhand, um mit den Vorderhufen zu schlagen und den Gegner zu beißen.

Der Stall

Der Stall, in dem Pferde sich wohlfühlen, muss sie vor zu starker Sonnenbestrahlung und vor Regen und Kälte schützen. Pferde lieben es warm und gut durchlüftet, aber nicht zugig. Die geeignetsten Boxen sind so groß, dass das Pferd sich darin wälzen kann, ohne sich festzuliegen. Es braucht dann auch nicht festgebunden zu sein.

Die Futterkrippe in der Box ist günstigerweise so hoch angebracht, dass das Pferd sie gut erreichen, aber nicht mit den Hufen hineintreten kann. Die meisten Ställe verfügen über automatische Wasserspender, an denen das Pferd sich nach Bedarf selbst bedienen kann. Wasser aus dem Eimer tut es auch. Das macht zwar Arbeit, fördert aber andererseits den Kontakt.

Pferde lieben Gesellschaft und Unterhaltung. Allein fühlen sie sich einsam. Gibt es keine weiteren Pferde, nehmen sie mit jedem anderen Tier vorlieb. Es gibt zahlreiche Erzählungen über enge Freundschaften mit Kühen, Hunden, ja, sogar mit Hühnern. Für Unterhaltung und Abwechslung kann auch der Ausblick aus dem Stall sorgen.

Ein Pferd, das einsam ist und sich langweilt, nimmt seelisch Schaden. Es kann anfangen, mit dem Kopf zu schlagen oder an den Boxenwänden zu nagen. Andere Pferde gewöhnen sich das „Koppen“ an, sie schlucken Luft.

Nicht alle Pferde vertragen sich miteinander. Damit sie sich bei Meinungsverschiedenheiten nicht beißen oder mit den Hufen treten können, sind die Boxen entsprechend

Im offenen Stall haben die Pferde die Möglichkeit, sich davor frei zu bewegen. Nur zum Füttern kommen sie hinein.

Die Stalltüren sind zweigeteilt, so dass Kommunikation untereinander möglich ist, aber keine Streitereien. Die Pferde können bequem nach draußen schauen und ihre Neugier befriedigen.

hoch und stabil. Die Türen jedoch sind meist zweigeteilt, so dass bei oben geöffneter Tür guter Kontakt möglich ist.

Sauberkeit

Sauberkeit im Stall ist wichtig, um Krankheiten und Ungeziefer keine Chance zu geben. Außerdem fühlen sich Pferde in einem sauberen Stall wohler. Ordnung ist die halbe Arbeit. Alle Geräte zur Pflege des Pferdes und des Stalles brauchen einen festen Platz im Stall.
Ausmisten findet am besten morgens nach der Fütterung statt. Mit vollem Magen oder beim Fressen sind die Tiere geduldiger und ruhiger. Gibt es einen Tummelplatz vor dem Stall oder eine Weide, sind sie dort während des Mistens und Putzens gut aufgehoben. Die Stallarbeit geht auch rascher vor sich, wenn die Pferde nicht „mithelfen". Bleiben sie drinnen, müssen sie sicherheitshalber solange angebunden werden.
Die Einstreu, egal ob sie aus Stroh oder Sägespänen besteht, ist im Winter besonders wichtig. Sie sorgt für Wärme und Behaglichkeit. Dazu muss sie so dick sein, dass das Pferd darauf liegen kann, ohne den Boden zu berühren. Sie sauber zu halten ist eine der wichtigsten täglichen Arbeiten. Das heißt: Pferdeäpfel einsammeln und die Nassstreu entfernen und erneuern. Von Zeit zu Zeit wird der Boden gefegt und mit dem Schlauch ausgespritzt. Zur Grundausrüstung gehören Schubkarre und Schaufel, eine Mistgabel und ein grober Besen. Daneben ein Rechen, ein Sägespan-Rechen und eine Heugabel.

Einrichtung

Im Stall sollte auch alles gelagert sein, was zur Pferdepflege und zum Reiten oder Fahren benötigt wird. Dazu gehören der Erste-Hilfe-Kasten bzw. die Tierapotheke, die Fell- und Hufpflegemittel, Decken sowie das Sattel- und Reitzeug und die dafür nötigen Pflegemittel.

Die Weide

Der Aufenthalt auf der Weide entspricht am ehesten den natürlichen Lebensbedingungen der Pferde. Trotzdem sind einige Vorkehrungen zu treffen, damit die Tiere gesund und „zivilisiert" bleiben.
Ein täglicher Besuch auf der Weide ist unbedingt erforderlich, auch wenn mehrere Pferde zusammen sind, die sich gegenseitig unterhalten. Der regelmäßige Kontakt mit Menschen ist wichtig. Die Pferde lassen sich sonst kaum mehr einfangen.
Bei diesen Besuchen prüft man den Zustand der Pferde und der Weide. Es kommt vor, dass Pferde sich bei Streitereien untereinander verletzt haben. Die Wunden müssen versorgt und eventuell die Streithähne getrennt werden.

Futter

Man muss Sorge tragen, dass sauberes Wasser zum Trinken vorhanden ist und dass die Weide noch genügend Futter hergibt. Dabei ist die Weide immer auch auf ihre Pflanzen zu prüfen. Wiesenliesch, Rai- und Knäuelgras sind nahrhaft und schmecken. Und Löwenzahn, Spitzwegerich und Esparsette liefern wichtige Mineralien. Aber zuviel Klee und zu saftiges Gras können zu Verdauungsschwierigkeiten führen. Es gibt auch giftige Pflanzen, die nicht auf der Weide sein dürfen. Fingerhut, Goldregen, Herbstzeitlose, Buchsbaum können Pferden gefährlich werden. Auch Johanniskraut, Schierling, Schachtelhalm, Bärenschote und Glockenblume führen zu Vergiftungen.

Der tägliche Besuch auf der Weide vertieft die Freundschaft.

Das Pferd freut sich über einen kleinen mitgebrachten Leckerbissen.

In diesem Gehege finden Mongolische Wildpferde ähnliche Lebensbedingungen wie in ihrer Heimat in der Mongolischen Steppe.

Gesundheit

Pferde brauchen draußen immer einen Platz, der sie vor zu viel Sonne, Wind und Wetter schützt. Am besten ist ein fester Unterstand.

Sie müssen auch auf der Weide regelmäßig geputzt und gebürstet werden, damit ihr Fell nicht verwildert. Schmutziges Fell ist ein idealer Nährboden für Parasiten und Hautkrankheiten.

Je nach Bodenbeschaffenheit und Wetter brauchen die Hufe tägliche Inspektion und Pflege. Sie müssen kontrolliert und ausgekratzt werden, damit sich die gefürchtete Hufrehe gar nicht erst bilden kann.

Je kleiner die Weide ist, desto gründlicher muss auch hier auf Sauberkeit geachtet werden. Die größte Gefahr liegt im Wurmbefall der Pferde. Würmer werden durch den Pferdemist übertragen. Deshalb sind die Pferdeäpfel regelmäßig einzusammeln und von der Weide zu bringen. Die Eier gelangen sonst über den Pferdemist in den Boden und werden beim Grasen aufgenommen. Die häufigste Wurmart sind Spulwürmer. Da das Pferd ein „guter Wirt“ für Würmer ist, bleibt nichts anderes übrig, als es regelmäßig dem Tierarzt vorzustellen und eine Wurmkur durchzuführen.

Auch die Umzäunung muss kontrolliert werden. Sowohl übermütige Pferde, die sie zu überspringen oder zu durchbrechen versuchen, können sie beschädigen, als auch Menschen. Am besten geeignet sind Zäune aus Holz oder Elektrodraht, woran sich die Pferde nicht verletzen können. Und natürlich darf nicht übersehen werden, dass Pferde, die unbeaufsichtigt sind, auch mal gestohlen werden können.

Ein Fohlen

Alle 18 bis 21 Tage wird eine Stute rossig, das heißt sie kann befruchtet werden. Die Tragezeit dauert 334 Tage, wenn ein Hengstfohlen erwartet wird, und 332 Tage, wenn es ein Stutenfohlen ist, vorausgesetzt, sie kommen pünktlich zur Welt.

In den ersten 7 Monaten der Trächtigkeit kann die Stute noch problemlos geritten werden. Bewegung tut ihr gut. Wie jede werdende Mutter darf sie natürlich nicht überanstrengt werden.

Ist die Zeit zum Abfohlen gekommen, braucht die Stute rund um die Uhr Beistand. Früher hat der Reitknecht im Stall geschlafen, wenn ein Fohlen erwartet wurde. In modernen Reitställen übernehmen Monitore diese Überwachungs-Funktion.

Ponystuten können alleine auf der Weide abfohlen. Sie lecken instinktiv ihr frisch geworfenes Fohlen sauber und trocken, als müssten sie allzeit bereit sein mit ihrer Herde weiterzuziehen oder zu fliehen.

Die bevorstehende Geburt kündigt sich durch wachsende Unruhe der Stute an. Wenn sie die Wehen überfallen, schaut sie sich immer wieder nach den schmerzenden Flanken um und schüttelt heftig den Schweif. Zur Geburt legt sich die Stute nieder. Wenn die Wasserblase platzt, ist die Geburt eröffnet. Das Fohlen kommt mit den Vorderfüßen zuerst zur Welt. Bereits eine halbe Stunde später steht das

Ab dem sechsten Monat kann man deutlich sehen, wie das Fohlen sich im Mutterleib bewegt.

Die Entwicklung

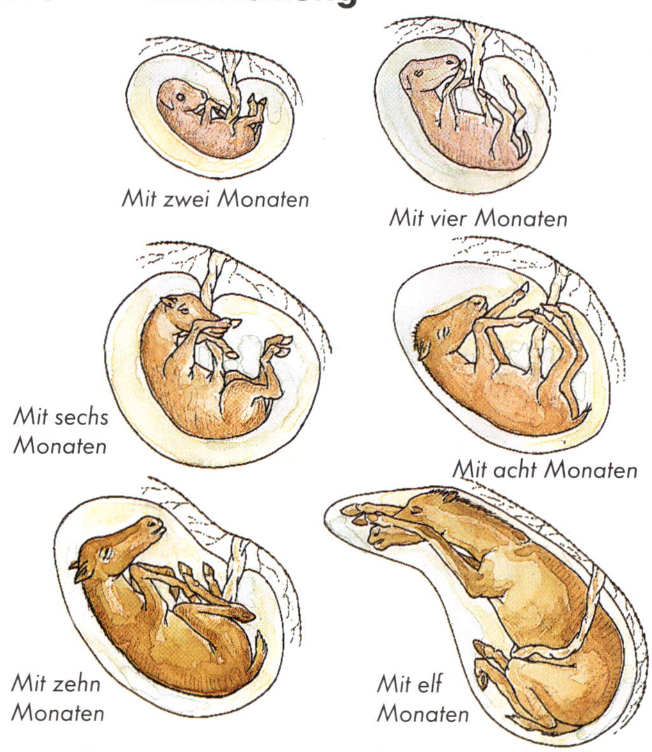

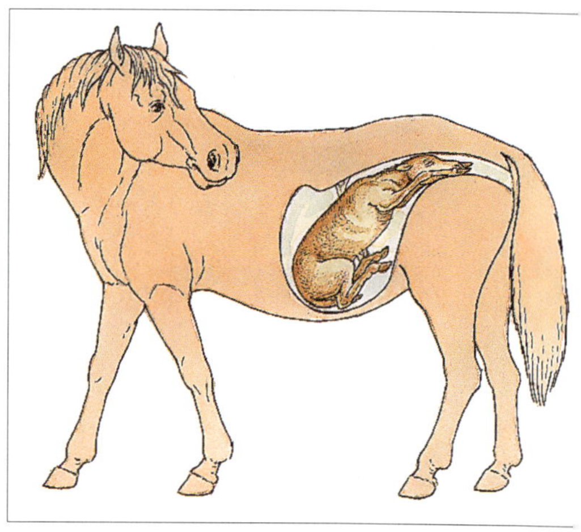

Die Austreibungsphase leitet die bevorstehende Geburt des Fohlens ein. Durch die einleitenden Wehen wird das Fohlen in die richtige Position im Geburtskanal gelegt. Die Stute sieht sich häufig nach der Herkunft ihrer Schmerzen um. Das ist ein deutliches Zeichen für die bevorstehende Geburt.

Fohlen auf den Beinen und saugt am Euter die erste Milch. Man nennt sie Kokosmilch. Sie enthält natürliche Abwehrstoffe gegen verschiedene Fohlenerkrankungen und regt die Verdauung an, damit das Darmpech ausgeschieden wird. Nach der anstrengenden Geburt bekommt die Stute Kraftfutter. Angefeuchtete Kleie und gequetschter Hafer tun ihr gut. Diesen Brei kann auch das zahnlose Fohlen schon mitfressen.

Schon wenige Tage nach der Geburt bekommt das Fohlen sein erstes Fohlenhalfter angelegt. Je länger man damit wartet, desto mehr sträubt es sich dagegen. Es soll von Menschen von Geburt an angefasst und geführt werden, um keine Scheu zu haben.

In den ersten sechs Monaten sind Stute und Fohlen unzertrennlich. Das Fohlen spielt und tollt am liebsten mit Gleichaltrigen herum. Es erschöpft sich noch sehr schnell und braucht, wie jedes Baby, viel, viel Schlaf.

Halbjährig haben die Fohlen ihr Fohlenfell verloren. Sie sind jetzt kräftig genug, dass sie keine Stutenmilch mehr brauchen, und können abgesetzt werden. Zuvor werden sie noch entwurmt und Hengstfohlen, die nicht zur Zucht eingesetzt werden sollen, werden kastriert.

Das Absetzen ist leidvoll für Stute und Fohlen. Es sollte nicht von heute auf morgen geschehen, sondern stufenweise. Anfangs sollten Stute und Fohlen nur kurze Zeit voneinander getrennt werden. Ist der Zeitpunkt des Absetzens jedoch gekommen, hilft keine Weichheit. Das Fohlen muss mindestens vier Wochen von der Stute getrennt werden.

Ein halbes Jahr lang trinkt das Fohlen Stutenmilch. So lange sind Mutter und Kind auch unzertrennlich.

Traber scheinen den Boden nicht zu berühren, wenn sie in fliegendem Lauf die Rennstrecke hinter sich bringen.

Pferdesport und Turniere

Trabrennen

Es gibt kein überliefertes Datum eines ersten Pferderennens. Aber Wetten sind so alt wie die Menschheit selbst. Es gibt Aufzeichungen über Pferderennen bei den Chinesen, Mongolen und Tartaren. Der Geschichtsschreiber Xenophon und die Philosophen Plato und Sokrates berichteten über Pferderennen der alten Griechen, der Ägypter und der Römer. Sie ähnelten den heutigen.

Startbänder, wie sie heute noch üblich sind, erfanden die Araber schon vor über tausend Jahren, damit alle Pferde gleichzeitig loslaufen. Die Erfindung der Rennfarben auf den Trikots und Mützen der Jockeys geht auf das römische Reich zurück.

Ab 1709 wurden in England Rennergebnisse aufgezeichnet. Das erste offizielle Rennen in Deutschland fand am 17. Oktober 1810 auf der Theresienwiese in München statt.

Schon immer war Trabrennen ein Volkssport. Traber sind billiger und anspruchsloser und auch langsamer als ihre vornehmen Galopp-Genossen. Es sind Gangpferde. Inzwischen gibt es eigene Gangpferde-Vereine für sie. Sie sind sehr beliebte Allround-Pferde, die im Geschirr so gut gehen wie unter dem Sattel. In Amerika haben sich vor allem die Pacer (Passgänger) durchgesetzt, die besonders schnell sind.

In der Zielgeraden holt der Fahrer das Letzte aus dem Pferd heraus.

Ihre ersten Rennen laufen Traber im Alter von zwei Jahren. Ihr Renntrab ist bestechend elegant und harmonisch.
Die meistens Trabrennen gehen über 2000 Meter. Diese Distanz schaffen die Pferde in rund zweieinhalb Minuten. Pferde, die mehrmals aus dem Schritt kommen, galoppieren oder springen, werden disqualifiziert und scheiden aus. Die leichten, zweirädrigen Wagen, in denen die Rennfahrer sitzen und die Pferde steuern, heißen Sulkys oder Longshafts.

Der Start

Heutzutage werden Trabrennen meistens per Auto gestartet, eine amerikanische Erfindung. Das Auto hat links und rechts ausgefahrene Flügel, an denen die Pferde nicht vorbeikommen. Sie laufen hinter dem Fahrzeug her, das an der Startmarke die Flügel einklappt und das Rennfeld verlässt. Man nennt diesen Start „fliegend".
Die ersten 200 m müssen in gerader Linie gefahren werden. Erst danach dürfen die Fahrer günstigere Positionen anstreben.
Wer Trabrennfahrer werden will, muss die Amateurfahrschulprüfung ablegen. Sie besteht aus einem theoretischen und einem praktischen Teil. Der Anwärter wird geprüft, ob er mit Fahrleine, Zaum und Gebiss ein Pferd sicher führen kann.
Amateurfahren darf, wer sich mit Pferd und Sulky zum Amateurrennen angemeldet hat. Sie finden zu jedem Rennen statt. So hat jeder Anwärter ausreichend Gelegenheit, Erfahrungen im Sulky zu sammeln.

Moderne Ponys stehen ihren Pferdebrüdern in nichts nach. Beim Freiberger Bauernrennen messen sich die Ponys im Trabrennen zum Stolz ihrer Besitzer und zum Vergnügen der Besucher.

Galopp-Rennen

Ein Rennstallbesitzer pflegt ein teures Hobby. Abgesehen von dem Preis für ein siegverdächtiges Rennpferd kommen hohe monatliche Kosten dazu. Das Pferd braucht einen Trainer, Boxen am jeweiligen Rennplatz müssen gemietet werden, Trainieren auf dem Rennplatz muss extra bezahlt werden, Übungen an den Startboxen, Benutzung der Hürden, Transport usw., usw. Um überhaupt an einem Rennen teilnehmen zu können, sind Nenn- bzw. Startgelder fällig. Ihre Höhe beträgt jeweils 1 Prozent vom Gewinn. Ein Pferd muss also schon sehr erfolgreich sein, um seinen Hafer zu verdienen...

Galopprennen sind Flachrennen. Bis zu einer Länge von 1400 m heißen sie Fliegerrennen. Von 1600 m bis 2000 m sind es Meilenrennen und ab 2200 m Steherrennen. Man nennt die Pferde deshalb „Flieger", „Meiler" oder „Steher". Auf diesen Strecken erreichen sie Spitzengeschwindigkeiten von weit über 60 km/h.

Galopper sind fast ausschließlich Englische Vollblüter, frühreife Pferde, die bereits mit 18 Monaten trainiert werden und zweijährig ihre Rennlaufbahn beginnen. Im Alter von drei Jahren sollen sie bereits volle Leistung bringen.

Siegreiche Pferde werden für die Zucht verwandt. Die anderen kommen als Turnier- oder Familienreitpferd unter.

Auch der Jockey ist etwas Besonderes. Nicht allein sein reiterisches Können ist gefragt, sondern Einfühlungsvermögen, Nervenstärke und Führungsqualität. An seine Anatomie werden spezielle Ansprüche gestellt. Er soll z.B. nicht mehr als 58 kg auf die Waage bringen. Deshalb sind

Galopprennstrecken in Europa sind fast immer Grasbahnen. In Amerika laufen die Pferde auf „dirt track", einer Mischung aus Sand und Lehm, vermischt mit Wasser abweisenden Zusätzen. Neuerdings gibt es auch Kunststoffbeläge.

Fast alle Reitvereine veranstalten Rennen, um ihren Mitgliedern Gelegenheit zu geben, ihr Können unter Beweis zu stellen. Bei Ponyrennen können vielfach schon Kinder teilnehmen.

Die Hindernisse bei Jagdrennen ähneln den in der Natur vorkommenden: Zäune, Wälle, Wassergräben, Gebüsch...
Sie gehen über Distanzen von 3000 m bis 7500 m.
Berühmt-berüchtigt ist das Grand National Steeplechase in England. Berühmt wegen der Eleganz der feinen Damen und Herren, berüchtigt wegen der halsbrecherischen Hindernisse. 7220 m Flachstrecke und 32 schwierige Sprünge legen die Pferde in durchschnittlich 9 1/2 Minuten zurück.

Jockeys meistens klein. Auch Mädchen und Frauen eignen sich als Jockeys.

Hindernisrennen

Das Hindernisrennen ist eine Variante des Galopprennens. Dabei gibt es noch die Unterteilung in Hürdenrennen und Jagdrennen. Hürdenrennen führen über eine Strecke von 2400 m bis 4000 m.

Die Hindernisse sind – je nach Rennen – 80 cm bis 100 cm hoch. Es handelt sich dabei um transportable Reisighürden. Sie werden im Abstand von rund 300 m aufgestellt.

Das Jagdrennen, auf englisch Steeplechase genannt, geht auf die alte Jagdreiterei zurück. Meist wurden Hirsche gejagt. Dabei ging es über Stock und Stein, über Gräben und Büsche. Ein gutes Jagdpferd durfte vor keinem Hindernis zurückschrecken.

Der Geländeritt ist die strapaziöseste Disziplin der Vielseitigkeitsprüfung.

Vielseitigkeitsreiterei

Seit 1912 ist die Vielseitigkeitsreiterei olympische Disziplin. Sie gilt als schwierigste Prüfung in der Sportreiterei. Der Wettkampf besteht aus drei Teilen: Dressur, Geländereiten und Parcoursspringen.

Die Dressurprüfung innerhalb der Vielseitigkeitsreiterei ist nicht ganz so anspruchsvoll wie bei der eigentlichen Dressurprüfung. 7 $^1/_2$ Minuten lang zeigen Pferd und Reiter eine ganze Parade aus dem Galopp, Traversalen, starkem Galopp und Außengalopp. Eine korrekte Haltung und die Gehorsamkeit des Pferdes werden ebenfalls bewertet.

Der Geländeritt ist in vier verschiedene Bereiche unterteilt: Wegestrecke, Rennbahn, Wegestrecke, Querfeldeinstrecke. Die Wegestrecken werden getrabt. Auf der Rennbahn sind 40 km/h im Galopp vorgeschrieben. Wirklich erschöpfend ist die Querfeldeinstrecke. Sie misst zwischen 5 und 7 km mit schwierigen, festen Hindernissen. Das heißt, wenn sich ein Pferd verspringt, ist ein Sturz fast unvermeidlich. Die Mindestgeschwindigkeit von 570 m/Min. ist dabei vorgeschrieben.

Im dritten Teil, dem Parcours, werden abschließend Kondition und Geschmeidigkeit des Pferds beim Springen geprüft.

Mut und Können sind erforderlich, um sein Pony sicher über den Parcours zu führen.

Parcours

Eine besondere Veranstaltung ist Springreiten im Parcours. Im Parcours werden auf relativ kleinem Gelände verschiedene Hindernisse aufgebaut. Üblicherweise müssen sie in bestimmter Reihenfolge in vorgegebener Zeit übersprun-

gen werden. Es gibt Hoch- und Hochweit-Sprünge. Hochsprünge gehen z.B. über Mauern und Ricks, Hochweitsprünge erfordern z.B. Oxer, überbauter Graben, Tripplebarre. Der Wassergraben ist ein reiner Weitsprung.
Das Berühren eines Hindernisses zählt nicht als Fehlerpunkt, wohl aber das Herunterfallen einer Latte, eines Steins bei der Mauer oder das Landen oder Übertreten im Wasser beim Wassergraben. Auch Verweigern, Überschreiten der Zeit und falsche Reihenfolge der Sprünge bringen Fehlerpunkte. Die speziellen Wertungen sind unterschiedlich je nach Wettkampf.
Springpferde haben einen langen Ausbildungsweg hinter sich. Deshalb sind sie in der Regel über fünf Jahre alt.

Pferd und Reiter haben sich fein gemacht für die Vorführung der Dressur, Reiterei in höchster Vollkommenheit.

Dressur-Reiten und Hohe Schule

In der Dressur zeigen Reiter und Pferd das Ergebnis jahrelanger, harter Ausbildung. Befehle und Hilfen des Reiters müssen äußerst exakt gegeben werden, damit das Pferd sie mit höchster Präzision ausführen kann.
Alle Bewegungen, Gänge, alle Richtungswechsel und Tempi werden bewertet.
Im deutschen Dressursport werden zur Hohen Schule Piaffe, Passage, fliegende Galoppwechsel und Pirouetten verlangt. Sie zählen zu den „Übungen auf der Erde“. „Übungen über der Erde“ werden nur noch an der Spanischen Hofreitschule in Wien und am Cadre Noir in Saumur in Frankreich praktiziert. Es sind so schwierige wie Courbette oder Kapriole. Sie verlangen vom Pferd allerhöchsten Gehorsam und totale Körperbeherrschung.

Die Hindernisse im Parcours sind beweglich, so dass auch bei Nichtgelingen eines Sprungs die Unfallgefahr gering gehalten wird. Springen erfordert viel Mut und Vertrauen von Reiter und Pferd. Verweigert ein Pferd, gibt es Strafpunkte. Bei mehrmaliger Verweigerung droht die Disqualifikation.

Beim Polo versuchen zwei Parteien zu Pferde einen Holzball mit dünn gestielten Hämmern nach einem Ziel auf der Gegenseite zu treiben, ähnlich wie beim Hockey-Spiel.

Polo

Wie so vieles, das mit der Reiterei zu tun hat, kam auch das Polospiel aus Indien nach England und begeisterte die Reitsportfreunde. Ursprünglich soll es vor über 2000 Jahren in Persien entstanden sein.

Die Engländer nannten das Spiel „Pferde-Hockey". Sie bevorzugten Ponys dafür. Inzwischen gibt es bereits spezielle Polo-Pony-Rassen, bei denen Ausdauer und Wendigkeit besonders herausgezüchtet wurden. Das Spiel verlangt viel Mut und Können vom Reiter und seinem Pony. Aus dem gestreckten Galopp muss es auf eine Pferdelänge anhalten, auf der Stelle wenden und aus dem Stand wieder losspurten. Dabei wird es nur durch Anlegen der Zügel am Hals geführt, weil der Reiter den Poloschläger in der zweiten Hand schwingt.

Ein Polospieler braucht mehrere Ponys pro Spiel, um sie nicht zu sehr zu erschöpfen.

Wettbewerbe nur so zum Spaß

Neben den offiziellen Wettbewerben veranstalten Reitvereine immer wieder Wettbewerbe, die ihren Mitgliedern Gelegenheit geben, ihr Können und das ihrer Pferde zu messen. Die Reiter nennen sie englisch Gymkhana-Rennen. Der Name kommt von „gend-khana", was auf hinduistisch Sportplatz bedeutet. Britische Offiziere haben die Idee in der Kolonialzeit aus Indien mitgebracht. Sie hat sich über die ganze Welt verbreitet.

Unter diesem Oberbegriff verbergen sich eine Vielzahl Spiele, die man auch beliebig variieren und erweitern kann: Slalomreiten, Geschicklichkeitsreiten, Ringstechen, Sackrennen, Musikreiten... was immer einem nur einfällt. Jung und Alt haben die größte Freude daran.

Es ist gar nicht so einfach, vom Pferderücken aus einen Gegenstand aufzuheben. Das Pferd muss nahe genug herangebracht werden und der Reiter darf beim Niederbücken nicht herunterrutschen.

GeübteReiter schaffen es, Gegenstände im Laufen aufzunehmen, ohne die Geschwindigkeit zu vermindern.

Hier geht es einen eng gesteckten, kurvenreichen Pfad entlang. Auch das reiterlos geführte Pferd darf nicht anecken, beide müssen also exakt geführt werden. Bei allen Wettbewerben kommt es auf reiterisches Können und die Geschicklichkeit des Pferdes an.

Bei diesem Wettbewerb werden Gehorsamkeit und Vertrauen des Pferdes geprüft. Der Reiter muss seinen Haflinger dazu veranlassen, durch die aufgehängten Schnüre zu gehen und gleichzeitig ein zweites, unberittenes Pferd mitführen.

Reiterferien

Nur wenige haben das Glück, ein eigenes Pferd zu besitzen. Abgesehen von den hohen Kosten, die ein Pferd verursacht, beansprucht es viel Zeit für die Pflege, Zuwendung und Arbeit. Reiterferien sind ein gelungener Kompromiss. So kann man über längere Zeit mit einem Pferd zusammen sein, ohne gleich voll und ganz die Verantwortung dafür übernehmen zu müssen.
Es gibt im In- und Ausland eine wachsende Zahl von Reiterhöfen, die Ferienmöglichkeiten anbieten. Viele Adressen erhält man im Reisebüro. Einige Reiterhöfe inserieren in Pferdefachzeitschriften. Auch die Ferienveranstalter der Städte und Gemeinden bieten häufig Ferien auf Reiter- und Bauernhöfen mit Reitmöglichkeiten an.
Die Angebote sind sehr unterschiedlich. Um nicht enttäuscht oder überfordert zu werden, sollte man die Angebote genau studieren und eventuell vor der Buchung persönlich in Augenschein nehmen. Das ist vor allem wichtig, wenn Kinder allein Ferien machen sollen.
Für Kinder und Jugendliche sowie für Reitanfänger eignen sich Ponys besser als Pferde.
Nicht auf jedem Hof hat man Anspruch auf ein „eigenes" Pferd, sondern muss es sich teilen. Das hat umgekehrt den Vorteil, dass man sich auch die Arbeit teilen kann. Manche Ferienveranstalter bieten Reitkurse an und die Möglichkeit, den „Reiterpass für Freizeitreiter" oder sogar das „Reiterabzeichen" zu erwerben.

Erfahrene Veranstalter bieten Ausritte, Tages- und Mehrtages-Expeditionen an mit Übernachtungen z.B. im Zelt und mit Grillen am Lagerfeuer. Das macht allen Spaß. Daneben kann man verschiedentlich an Wettbewerben teilnehmen. Wer einmal Reiterferien gemacht hat, kommt häufig immer wieder.

Ein harmonisches, vertrauensvolles Verhältnis verbindet diese kleine Reiterin mit ihrem Pony.
Wer sich so gut versteht, genießt gemeinsam jeden Tag.

Das erste eigene Pferd

Aus der Liebe zum Pferd erwächst die Idee, ein eigenes Pferd oder Pony besitzen zu wollen: wann immer man will, zu ihm gehen zu können, auf seinem besten Freund über Wiesen und Felder zu stürmen…

Pferdehaltung bedeutet die Verantwortung zu übernehmen, sich täglich um das Tier zu kümmern. Mindestens zweimal am Tag braucht das Pferd Futter. Es muss nach ihm gesehen und mit ihm gesprochen werden. Es muss geputzt, gestriegelt und bewegt werden. Und das sieben Tage – jede Woche. Es gibt keine Pausen, keine Feiertage, Wochenenden und Ferien. Immer muss jemand für das Pferd da sein. Ein vernachlässigtes Pferd oder Pony nimmt schnell schlechte Manieren an, verwildert oder wird krank.

Welches Pferd?

Die Auswahl des richtigen Pferdes hängt von zwei wesentlichen Faktoren ab: vom Geld und der reiterischen Erfahrung. Pferdekauf und Pferdehaltung sind vom Taschengeld nicht zu bestreiten. Das erste Pferd für einen noch unerfahrenen Reiter sollte immer ein besonders umgängliches sein, das willig und gehorsam ist und sich nicht zu leicht aus der Ruhe bringen lässt. Empfehlenswert sind Pferde, die eine freundliche aber bestimmte Grundausbildung und Erziehung erfahren haben.

Erfahrung beim Pferdekauf

Leider muss man damit rechnen, dass nicht jeder Verkäufer seriös ist und einem die Wahrheit über ein Pferd oder Pony erzählt. Deshalb sollte man sein erstes Tier nicht auf dem nächstbesten Pferdemarkt erwerben oder über ein Inserat. Auf ein Schnäppchen auf einem Pferdemarkt zu hoffen, kann äußerst riskant sein. Es kommt schon vor, dass unseriöse Händler ihren Tieren Beruhigungsmittel verabreichen, bevor sie Pferde zum Kauf anbieten.

Am günstigsten ist es ein Pferd zu kaufen, das man bereits kennt. Manchmal wird ein Schulpferd angeboten. Wenn es vom Tierarzt gründlich untersucht und für gesund erklärt wurde, ist das ein durchaus sinnvoller Kauf.

Das reiterische Können spielt eine weitere wesentliche Rolle bei der Wahl des Pferdes. Je sicherer man im Sattel und auf dem Boden mit Pferden umgehen kann und je mehr man über sie weiß, desto sicherer glückt eine spätere Partnerschaft mit einem eigenen Pferd.

Reitstunden, in denen neben der reinen Reiterei Pferdepflege, Auf- und Absatteln und Zäumen erlernt werden, sollten schon hinter einem liegen. Günstig ist es in jedem Fall, wenn man schon einige Zeit in einem Stall mitgeholfen hat und hier einige Erfahrungen im Umgang mit Pferden sammeln konnte.

Das eigene Pferd darf den Besitzer nicht überfordern. Soll der Pferdebesitzer ein Kind sein, darf das Tier auf keinen

Bevor man sich zum Kauf eines Pferdes entschließt, sollte es unbedingt ausprobiert werden. Reitanfänger fühlen sich an der Longe sicherer. Eine günstige Gelegenheit, die Gänge auf ihre Gangreinheit zu prüfen.

Die beiden Friesen tragen ihre Reiter sicher durch die Natur. Pferde und Reiter fühlen sich miteinander verbunden. Wenigstens einmal täglich sollte man sich und seinem Pferd einen solchen Ausritt gönnen.

Fall zu groß gewählt werden. Ponys haben sich sehr gut als Erstpferde bewährt. Die Kinder haben kaum Angst vor ihnen. Außerdem sind Ponys im Umgang pflegeleichter und anspruchsloser in der Haltung als ihre Pferdebrüder.
Hoch im Blut stehende Pferde eignen sich wirklich nur für erfahrene Reiter, die deren blitzschnelle Reaktionen, ihr oft schwer zu bändigendes Temperament parieren können und sich nicht bei jedem „Seitensprung" aus dem Sattel heben lassen.
Die Größe des Pferdes ist nicht so entscheidend wie sein Kaliber. Damit ist die Körperkraft gemeint. Ein großer, kräftiger Reiter braucht ein kräftiges Pferd. Ponys haben oft einen kräftigen Knochenbau, der sie befähigt, beträchtliches Gewicht zu tragen.
Ob das Tier gut im Futter steht, prüft man an den Rippen. Sie dürfen nicht zu sehen, sollen aber zu fühlen sein. Man muss auch unterscheiden, ob ein Pferd nur dick gefüttert oder muskulös ist.
Haflinger, Connemaras, Fjordpferde und Welsh-Cobs sind ausgezeichnet als Erstpferde für Reitanfänger und als Familienpferde für Kinder und Erwachsene geeignet. Auch kleinere Warmblüter sind gut zu führen, weil sie über ein ausgeglichenes Temperament verfügen. Außerdem sind sie in der Anschaffung preisgünstiger.

Tips zum Pferdekauf

Ein Gespräch mit dem Verkäufer soll Aufschluss über die Ausbildung und das Verhalten des Pferdes geben. Auf jeden Fall sollte man auf einen ausgiebigen Proberitt bestehen.
Auf Pferdemärkten werden die Pferde meistens nur vorgeführt oder vom Vorbesitzer vorgeritten. Bei Auktionen können die Tiere in aller Regel probegeritten werden. Außerdem sind sie bereits tierärztlich untersucht.
Allerdings sind Pferde, die in die Auktion kommen, überwiegend noch sehr jung.
Der Proberitt vor dem Kauf sollte möglichst ausgiebig sein.
Am besten sattelt man das Pferd selbst, hebt ihm die Hufe und guckt darunter. Man erfährt dabei nicht nur, ob die Hufe in Ordnung sind, sondern auch, wie das Pferd im Umgang ist.
Beim Ausreiten muss die Verkehrssicherheit getestet werden und seine Sicherheit im Gelände.
Untugenden wie Koppen, Krippensetzen oder Weben, Beißen oder Schlagen sind dem Pferd nur schwer bis überhaupt nicht abzugewöhnen. Es sollte besser nicht gekauft werden, auch wenn der Preis günstig ist.
Leider gibt es keine Verpflichtung für den Verkäufer, Mängel des Pferdes anzugeben. Es ist deshalb ratsam, das Pferd vor Kaufabschluss von einem Tierarzt untersuchen zu lassen.
Der Tierarzt untersucht die Augen, das Maul und die Zähne, die Beine und Gelenke auf Lahmheit, sowie die Herz- und Lungenfunktion. Bei wertvollen, teuren Pferden sind sogar Röntgenuntersuchungen üblich.
Bei Privatverkäufen kann man manchmal ein Rückgaberecht aushandeln, wenn sich herausstellt, dass das Pferd doch nicht den eigenen Vorstellungen entspricht.
In jedem Fall sollte ein erfahrener Reiter bei den Kaufverhandlungen mit Rat und Tat zur Seite stehen.

Wer ein reines Kinderpony kauft, muss bedenken, dass es rasch zu klein wird, weil die Kinder ihm entwachsen. Manche Händler nehmen es zurück oder tauschen es gegen ein größeres. Als Kinderponys eignen sich nur sehr gutmütige und gehorsame Pferde.
Zu jung sollte das erste Pferd nicht sein, weil es möglichst bereits über eine gewisse Erfahrung als Reitpferd verfügen sollte. Das Gelernte ist bei einem älteren Pferd schon gut gefestigt, und es lässt sich durch Reitfehler nicht so leicht irritieren. Pferde unter sechs bis sieben Jahren sind in der Regel für Anfänger ungeeignet. Ältere Pferde sind ideal für alle Reiter, die gern in aller Ruhe ausreiten. Nichts spricht gegen ein gesundes 15-jähriges Pferd.
Natürlich spielt es für die Wahl des Pferdes eine Rolle, wozu es verwendet werden soll. Der Typ muss zur gewünschten Nutzungsart passen.
Wird ein Pferd oder Pony gewünscht, das zur Freizeitreiterei taugen soll, oder soll es zu Turnieren, zum Springen oder zur Dressur gehalten werden?

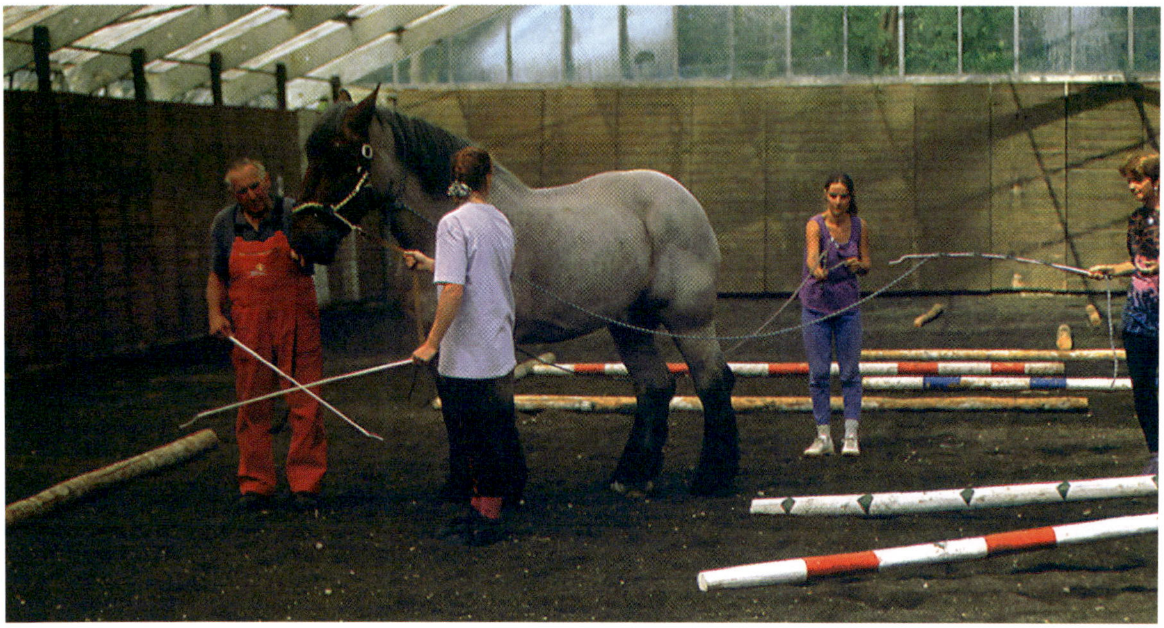

Berufe für Pferdeliebhaber

Vom einfachen Pferdepfleger bis hin zum hochqualifizierten Pferde-Trainer existieren zahlreiche „Berufe mit Pferd“. Man sagt: „Gute Pflege ist das halbe Futter“. Deshalb ist der Beruf des Pferdepflegers hoch angesehen. Er ist zuständig für das Pferd, für Sattel- und Zaumzeug und für die Stallordnung. Pferdepfleger wird man durch eine zweijährige Lehre in einem anerkannten Reit-Betrieb.

Reitwart kann man ab 19 Jahren werden. Man braucht eine abgeschlossene Grundausbildung als Reiter und muss im Besitz des Deutschen Reiterabzeichens Kl. III in Bronze sein. Der Reitwart gibt Reitunterricht, ist fit in der Pferdehaltung und Pferdeausbildung und kann bei Verletzungen von Reiter und Pferd Erste Hilfe leisten.

Reitlehrer kann man mit 25 Jahren werden. Vorausgesetzt werden: eine dreijährige Lehre zum Bereiter, fünf Jahre Praxis als Bereiter, davon mindestens zwei Jahre Reitunterricht unter Anweisung, der Fähigkeitsnachweis zum Ausbilden von Pferden. Berufsreiter oder Jockey wird man frühestens mit 18 Jahren, wenn man 50 Amateur-Reitwettbewerbe der Klasse A gewonnen hat. Schon ab 15 Jahren kann man die Amateurrennreiter-Lizenz erhalten. Der Bewerber muss eine Reiterprüfung ablegen und dem Verband Deutscher Amateurrennreiter beitreten.

Als Trainer eines Vollblutpferdes trägt man eine hohe Verantwortung. Entsprechend hoch sind auch die Anforderungen. Trainer unter 35 Jahren zu werden ist kaum möglich.

Daneben gibt es den Stallknecht, Stallmeister, Hufschmied, Tierarzt, Tier-Therapeut, Physio-Therapeut u.v.m.

Wer sich nicht gleich mit Haut und Haaren den Pferden verschreiben will, kommt als Tierarzt immerhin noch mit Pferden zusammen. Man hat auch festgestellt, dass der Umgang mit Tieren, und ganz besonders mit Pferden vielen Kranken sehr hilft. Deshalb gibt es in neuerer Zeit zunehmend Therapien praktisch „auf dem Rücken der Pferde“. Physio- und Psychotherapeuten nutzen bereits diese Erkenntnis.

Auf unserer Abbildung wird ein Zugpferd therapiert, das vor Stangen scheut.

Glossar

Abfohlen: Die Geburt eines Fohlens.

Absetzen: Stute und Fohlen werden nach einem halben Jahr voneinander getrennt.

Allroundpferde: Pferde, die sich sowohl als Wagenpferde wie als Reitpferde eignen.

Ballen: Er befindet sich am hinteren Ende des Strahls. Manche Pferde treten sich mit den Hinterhufen auf die Ballen der Vorderhufe und verletzen sie dabei.

Courbette: Schwierige Übung wie die Kapriole, die fast nur in der Spanischen Hofreitschule praktiziert wird. Die Hohe Schule verlangt daneben Piaffe, Passage, Pirouetten und fliegende Galoppwechsel.

Dressur: Trainieren der Pferde, um sie höher zu versammeln (siehe versammeln). Jedes Pferd wird dressiert. Man versteht darunter nicht die „hohe Schule", sondern Erziehung und Grundausbildung.

Fohlen: Pferde-Kind bis es 1 Jahr alt ist (auch Füllen genannt).

Ganaschenprobleme: Wenn zwischen dem Unterkiefer und der Verbindung des Kopfes zum Hals die Beweglichkeit des Kopfes durch Muskeln oder Gewebe eingeschränkt ist, spricht man von Ganaschenproblemen.

Hartes Pferd: So beschreibt man ein leistungsfähiges und gesundes Pferd, das besondere Ausdauer zeigt.

Hengst: Männliches Pferd, das nicht kastriert ist.

Hilfen: Stimmliche und körperliche Anweisungen des Reiters oder auch des Kutschers an sein Pferd nennt man Hilfen. Es sind Zurufe, Zügelführung mit den Händen, Schenkel- und Fersendruck und Gewichtsverlagerungen.

Hinterhand: Aus der Hinterhand kommt die Kraft zum schnellen Laufen. Oberschenkel, Hinterbacke, Kruppe, vom Rükken über die Flanke bis zum Schweifansatz und bis hinunter zum Sprunggelenk bilden die Hinterhand. Je kräftiger sie ausgebildet ist, desto aktiver und kraftvoller sind der Lauf und der Sprung.

Hoch im Blut stehende Pferde: Damit bezeichnet man entweder Araber oder Vollblüter.

Hohe Schule: Die klassische Schule hoher Dressur, wobei das Pferd mit höchster Aufmerksamkeit und Gehorsam den Weisungen des Reiters Folge leistet.

Hornspalt: Riss oder Spalt in der Hufwand, der bis zum Kronenrand reichen kann. Die Ursache ist Mineralmangel.

Hufrehe: Die schmerzenden Hufe treten immer an den Vorderhufen auf. Überfütterung mit zu viel frischem Gras und zu wenig Bewegung können sie auslösen. Die Huflederhaut ist dabei entzündet und geschwollen.

Kaliber: Damit bezeichnet man die körperliche Qualität, Gebäude und Muskulatur.

Kaltblut-Pferde: Die allgemeine Bezeichnung für schwere europäische Pferderassen. Das größte und mächtigste ist der englische Shire. Aber Belgier, Ardenner oder Bretone stehen ihm kaum nach. Kaltblut-Pferderassen stammen vom prähistorischen Wildpferd ab.

Kötenbehang: Lange Schutzhaare über den Fesseln (Köten).

Konkaves Profil: Arabische Pferde und Kreuzungen mit arabischem Blut kann man am feinen konkaven Profil erkennen.

Kupieren: Es bedeutet das Abschneiden des Schweifes, wobei auch ein Teil der Wirbel der Schweifrübe operativ entfernt werden. In Deutschland wird kupieren mittlerweile als Tierquälerei angesehen und ist verboten.

Beim Schaulaufen werden immer noch Schimmel bevorzugt. Sie waren früher Königen vorbehalten.

Longierpeitsche: Es handelt sich um eine besonders lange Lederpeitsche, mit der überwiegend geknallt wird, das Pferd aber niemals bestraft werden darf. Auch Reitgerten dürfen nur als Hilfen dienen.

Mash: Kräftigendes Futter für müde und kranke Pferde. 2/3 Kleie werden vermischt mit 1/3 kochendem Wasser.

Mauke: Entzündete, nässende Stellen in der Fesselbeuge.

Piaffe und Pirouette: Übungen „auf der Erde" der Hohen Schule (siehe Hohe Schule).

Ramsnase: Ein derberes Profil, das an die Primitivrassen erinnert. Man bezeichnet diese Profile auch als „römischen Kopf" oder „Elchnase". Die Ramsnase ist nicht nur bei Primitivrassen zu finden, sondern auch bei Andalusiern und Lippizanern.

Röhrbein: Der Umfang des Röhrbeins gilt als Maßstab für die Tragfähigkeit des Pferdes und mit wie viel Gewicht das Pferd seine Vorhand belasten kann. Kräftige Röhrbeine sind für Springpferde wichtig.

Selektion: Bei der Zucht bestimmter Eigenschaften werden ungeeignete Rassen für die Paarung ausgeschlossen.

Strahl: Auf der Unterseite des Hufes findet sich ein dreieckiges Hornstück, das stoßdämpfend wirkt.

Stutbuch: In ihm werden vom Zuchtverband die Abstammungsnachweise festgehalten.

Stute: Weibliches Pferd.

Temperament: Der Wille zu Gehen und der Grad der Erregbarkeit wird damit ausgedrückt.

Versammeln: Hoher Grad an Aufmerksamkeit und Konzentration.

Wallach: Kastriertes männliches Pferd. Wallache sind umgänglicher beim Reiten, weniger nervös als Hengste.

Würmer: Vor diesem Parasitenbefall müssen alle Pferde und Ponys regelmäßig durch eine Wurmkur geschützt werden.

Zaumzeug: Es dient dazu, das Pferd zu führen. Zaumzeuge gibt es mit und ohne Gebiss.

Index